媒体的下一个机遇

——智能媒体发展走向与创新应用

孙宇龙 著

九 州 出 版 社
JIUZHOUPRESS

图书在版编目（CIP）数据

媒体的下一个机遇：智能媒体发展走向与创新应用 / 孙宇龙著. -- 北京：九州出版社，2023.9
ISBN 978-7-5225-2076-6

Ⅰ．①媒… Ⅱ．①孙… Ⅲ．①传播媒介－研究 Ⅳ．①G206.2

中国国家版本馆CIP数据核字(2023)第155780号

媒体的下一个机遇——智能媒体发展走向与创新应用

作　者	孙宇龙　著
责任编辑	陈春玲
出版发行	九州出版社
地　址	北京市西城区阜外大街甲35号（100037）
发行电话	（010）68992190/2/3/5/6
网　址	www.jiuzhoupress.com
印　刷	三河市嵩川印刷有限公司
开　本	787毫米×1092毫米　16开
印　张	14
字　数	194千字
版　次	2023年9月第1版
印　次	2023年9月第1次印刷
书　号	ISBN 978-7-5225-2076-6
定　价	68.00元

自　序

20 年前的我有一个媒体 AI 梦。

2002 年的我在《新闻记者》上发表了《西部媒体如何报道生态环境新闻》，被引用 6 次，下载 157 次，自满得意了很多年。当时还是地方媒体小记者的我，用当时最时尚的智能汉王笔，写稿发稿荣耀一时。当时一直渴望媒体的"策采编审发传评管"AI 化，以便更好地"包装"年少的自己。白驹过隙，时光荏苒，当 Facebook 改名"元宇宙"时，才发现尘世中的我有了很多的变与不变。不变的是梦想，变的是额头上依稀可见的白发。转行做文字工作多年的我，还在用 20 年前的方法书写日常，以换来生存所需的衣食住行，却无法证明自己 20 年前的选择不是漫无目的的"放逐"。时光不再我如初，而 AI 却不曾一刻停止前行。

15 年前，在央视国际电视总公司拍摄影视剧的我，渴望用智能设备拍摄制作自己喜欢的电视剧、电影。当时，导演史蒂文·斯皮尔伯格说"5 年后的影视摄影会完全实现 AI 化拍摄、制作与生产"，我不信，因为设备昂贵，拍摄成本高。每每扛着沉重的设备，翻山越岭去拍摄自己喜欢的画面与镜头时，内心总是充满沉甸甸的喜悦。那时每个画面、每个镜头都是自己的得意叙事，都是自己特想表达的理念和梦想。后来，我用影视和媒体 AI 技术创作书写，庆幸赶上了时代的晚班车，用新工具书写了自己的时代之梦与媒介意图。再后来，自己又回学校再学习，借用影像媒体 AI 技术又一次闯荡影视和媒体世界，似乎青春再回，时光倒启，但发现，当今媒体已经没我的表达空间和话语权了，时光顺手将我抛弃在早已废弃的旧站台了。

10 年前，头顶博士头衔的我，站在高校讲坛给像 20 年前的自己一样的学子们"传道授业"，讲述自己的媒体 AI 梦，"指点江山、挥斥方遒"，觉得岁月年少如我仍可期；我用讯飞语音写文章，用 AI 设备拍图片，用 AI 手机做视频，打造着自己迟到的媒体 AI 梦，熟练地用 AI 工具配光调色，拟声调音，等等，似乎所有的工作，我都可以靠 AI 工具来实现；我系统地学习视听 AI 工具和媒体 AI 技术，用自己不再年轻的躯体支撑着自己的影视媒体梦，重启"放逐"多年的影视媒体梦、收拾荒废丢弃许久的媒体专业。

5 年前，我和同事"用" AI 技术翻译的《摄影通史》意外火爆，当时只是打发闲暇时光，20 年前的自己和 20 年后的我合体重启，为怀着同样梦想的后来人做点事，让后来人少走弯路、少跌跟头、少受磨难，他们虽同 20 年前的我不一样，但那些"铁肩担道义，妙手著文章"的少年、那些以一己之力记录时代社会的少年、那些"为天地立心，为生民立命，为往圣断绝学，为万世开太平"的少年，不就是 20 年前的我吗？"愿你行走半生，归来仍是少年"。

岁月不老世事沧桑。20 年，只是历史长河中的一粒微尘，却是我人生的重要组件。没有哪个时代会停下发展的步伐等我们，没有哪一种工具不能为时代所用，"君子善假于物"，重要的是选择，选择 AI 并使用它。不然呢，时光于我们还有意义吗？

撰写本书时，有个声音一直在呼唤自己，回头一看，原来是 20 年前的那个清纯少年。我淡然一笑说：我们一起 AI 吧。

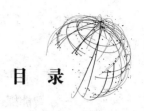

目　录

第一章　视听媒介技术的智能转化发展及应用 ……………………… 1

一、视听媒体技术的智能化发展及应用 …………………………3

（一）智能时代传统视听媒体面临的机遇与挑战 …………… 3

（二）视听媒体从媒体融合到融合媒体的演变 ……………… 17

（三）视听媒介技术智能化发展的主要特征 ………………… 21

二、主流媒体的智能化发展与建构路径 ………………………… 24

（一）主流媒体智能化发展的内在驱动 ……………………… 25

（二）主流媒体智能化建设创新发展路径 …………………… 29

（三）传媒智能化与智能传媒 ………………………………… 35

第二章　智能视听媒体的价值引领与伦理建构 ………………………41

一、智能媒体核心价值观的传播、认同与建构 ………………… 43

（一）核心价值观的传播与认同 ……………………………… 43

（二）遭遇的冲击与加速重构 ………………………………… 47

（三）智能媒体时代价值认同建构 …………………………… 49

二、智能媒体时代受众价值认同的建构路径 …………………… 54

（一）技术约束：智能算法的矫正与核心价值引领 ………… 54

（二）行业自律：受众媒体素养提升与主流价值引导 ……… 55

（三）平台规范：营造健康网络生态 ………………………… 56

（四）算法治理：以主流价值驾驭算法 ……………………… 58

（五）价值引领：建构智能媒体的核心应用 ………………… 60

（六）智能媒体参与社会治理的路径与方式 ………………… 62

第三章　智能媒体的内容策划与生产编辑 AI 化 ················· 65

一、智能媒体的内容策划与生产编辑 ··················· 67

（一）智能媒体角色的生产转型 ··················· 67

（二）智能媒体内容的生产与传播 ················· 70

（三）平台与渠道再造，媒体嬗变格局下的内容生产 ····· 73

二、智能化技术在内容生产中的全流程渗透 ············· 76

（一）智能化技术扩张的信息采集力 ··············· 77

（二）内容产品智能制作加工的发展走向 ············· 79

第四章　人机交互 AI 化与视听媒体渠道的发布 ·············· 83

一、人机交互 AI 化所导致的视听媒体困境与变局 ········· 85

（一）行业的突围与创新 ······················· 85

（二）渠道垄断的突围与内容边界的重塑 ············· 87

（三）媒体 AI 能力的应用与创新 ················· 89

二、专业媒体的智能化重塑与再造 ··················· 93

（一）视听媒体的专业性改造与重塑 ··············· 93

（二）基于算法的内容智能分发的三维度四原则四路径 ··· 95

三、智能媒体的语态变革与传播创新 ················· 98

（一）媒体智能化的语态变革 ··················· 98

（二）AI 时代数字化生存与智能传播 ·············· 101

第五章　智能媒体的智库建构与发展 ·················· 103

一、媒体智库的现状及主要策略 ··················· 105

（一）区域集群化的非均衡发展现状 ·············· 105

（二）媒资资产与智库数智产品 ·················· 106

二、数据算法、数据化生存与被量化、外化的人与人生 ······ 108

（一）"数字化生存"与"数据化生存"以及智库思维下的传播图景 ··· 108

（二）国内媒体智库的两种趋势与四种类型 ·········· 111

（三）智能媒体智库的数据建设和规范约束 ·········· 113

三、媒体智库的资源构成和创新应用逻辑 ……………… 115

（一）智库内外脑结合的智慧服务 ……………115

（二）媒体智库的资源诉求与运作策略 ………116

（三）国内媒体智库的发展历程与状态 ………118

第六章 智能媒体的移动应用与 AI 采编 ……………… 121

一、移动应用的智能化转换与渠道处置升级 ……………… 123

（一）智能媒体的移动应用与发展 ……………124

（二）移动化视频：在场感＋新叙事 ………129

（三）音频媒体的智能应用与发展 ……………130

二、移动应用的社交功能 AI 化 ……………… 134

（一）用户角色的移动 AI 应用 ………………134

（二）智能媒体的产业消费与圈层化 …………135

（三）智能化移动应用的内容变革与发展 ………137

第七章 视听媒体平台的商业化拓展与创新 ……………… 141

一、智能时代平台的新生产力 ……………… 143

（一）智媒时代平台新生产力的多线程作用 ………143

（二）智能平台的 AI 能力与内容创新 ………148

（三）平台新生产力应用的原则与伦理 ………154

（四）智能融媒体平台的建设发展与应用 ………158

（五）平台：决定内容生态的关键 ……………163

二、视听媒体资源的 AI 管理与应用 ……………… 166

（一）媒体资源的数字化赋能与智能引领 ………166

（二）智能媒资的高效管理和六大典型应用 ………167

（三）媒资数智化管理应用优化思路 …………169

第八章　智能媒体视听媒介产品的应用与消费…………………… 171

一、智能媒体的视听产品的智能、沉浸应用与消费 ………… 173

（一）视听产品的智能应用与消费 ……………………………173

（二）视频花样翻新的视听产品营造的沉浸感 ………………174

二、网络影院的移动影像消费与产品场景 ……………… 176

（一）网络影视的移动视听消费 ………………………………176

（二）从 5G 到 B2C：移动智媒观影的技术完型 …………… 180

（三）网络主体的构成要素以及四种不同类型的差异 ……… 182

三、视听产品的产消维度与一体化融合 ………………… 184

（一）网络主体的交互沟通与产品消费 ……………………… 184

（二）视听产品的产消维度 …………………………………… 186

（三）智能媒体视听产品内容消费结构变化与升级 ………… 187

第九章　智能媒体的人际链接与数字化生存………………… 189

一、智能媒体的人际连接、虚拟实体与数字化元件 ……… 191

（一）智能媒体的连接类型与作用 …………………………… 191

（二）"深度伪造""数字化元件"与过载的物联网 ………… 193

二、智能媒体的价值转换与元宇宙传播特征 …………… 194

（一）智能媒体的价值转换与技术素养 ……………………… 194

（二）智能媒体的元宇宙传播形态及特征 …………………… 196

三、智能媒体智能应用特征及创新 …………………… 199

（一）智能媒体的内涵及"四力"融合特征 ………………… 199

（二）智能媒体的概念、特征、发展阶段与未来走向 ………206

参考文献……………………………………………………… 213

第 一 章
视听媒介技术的智能转化发展及应用

　　媒介技术发展及媒体运用数字化、智能化、移动化技术，有向着身体与技术同构性、沉浸式方向发展的趋势。本章从技术的社会塑造理论出发，深度剖析媒介技术呈现出如此发展态势背后的政府和政策动因、市场和用户动因，以及专家共同体动因，由此构建了媒介技术的社会选择模型及其价值维度。现阶段媒介技术的运用，是这个时代政治、市场、媒体机构及用户共同选择的结果。媒介技术的社会选择，包含了公私、善恶、公平等价值维度。面向未来的媒介技术，更要突出媒介技术的公共属性和价值蕴含。

　　近年来，媒介技术发展突飞猛进，人工智能、高清音视频直播、虚拟现实等关键技术的突破创新和应用普及，推动了传媒行业从数字化向智能化、从大众化向个性化、从单一形态向融合形态迅速转变。媒介技术带给传媒行业的巨大变革和既有影响有目共睹、广受关注，但很少有人去追问产生这些变革背后的动因，即为什么是某项媒介技术，而不是其他媒介技术被传媒行业选择并广泛应用于新闻生产、分发和互动等领域；具体到媒体实践中，为什么《人民日报》等主流媒体都致力于打造"中央厨房"等新闻生产分发的融合技术平台，而字节跳动等互联网平台会更致力于个性化推荐算法模型的研发和应用。技术的社会塑造理论（The Social Shaping of Technology，简称 SST 理论）认为，技术的选择、形成并不只是按照内在的技术逻辑发展的，而是被多种因素塑造的社会产品。我们的体制，我们的习惯、价值、组织、思想的风俗，都是强有力的力量，它们以独特的方式塑造了我们的技术。近年来，人工智能、媒体融合等媒介技术备受推崇，取得长足发展，是这个时代政治、市场、媒体机构及用户共同选择的结果。本书在综合考察近年媒介技术发展状况的基础上，结合技术的社会塑造理论、新兴技术成熟度曲线报告的相关研究，提出媒介技术发展的社会选择模型和价值维度，以此来探究形塑技术的社会因素，并解答媒介技术变革动力的问题。

一、视听媒体技术的智能化发展及应用

（一）智能时代传统视听媒体面临的机遇与挑战

　　现代科学技术的发展加快了自然和社会变化的进程，科技的发展为我们展现了更多可供选择的可能性，同时也带来了更多的风险和不确定性。现代生活中，人类生活离不开信息，近几年，传统媒体面临困境，不断探寻转型方式。在传统媒体的发展转型中，智能技术给其带来了新的可能和生产方式等变革，然而也为其带来了"信息茧房"、回声室效

应和数据泄露等困扰。智能技术会如何引领传媒业的前进，决定者仍然是人，新闻专业主义的坚持、公民媒介素养的提升、人与机器的协同发展都将在智能时代为传媒业创造一条更光明的路。如图 1 所示。

智能网络与智能传播

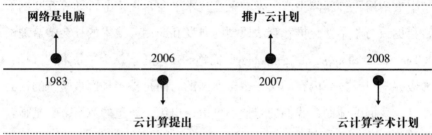

1983 年，太阳电脑提出"网络是电脑"；2006 年 3 月，亚马逊（Amazon）推出弹性计算云（Elastic Compute Cloud；EC2）服务

Google 与 IBM 开始在美国大学校园推广云计算的计划，这项计划希望能降低分布式计算技术在学术研究方面的成本，为这些大学提供相关的软硬件设备及技术支持

Google 首席执行官埃里克·施密特（Eric Schmidt）在搜索引擎大会（2006）首次提出"云计算"（Cloud Computing）的概念

Google 宣布在中国台湾地区启动"云计算学术计划"，将与台湾台大、交大等学校合作，将这种先进的大规模云计算技术迅速推广到校园。

IBM（NYSE: IBM）宣布将在中国无锡太湖新城科教产业园为中国的软件公司建立全球第一个云计算中心

Facebook 更名元宇宙，苹果、亚马逊、Alphabet、微软和网易、华为、腾讯、字节跳动等国内巨头也宣布入局元宇宙。

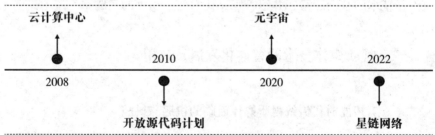

美国国家航空航天局和包括 Rackspace、AMD、Intel、戴尔等支持厂商共同宣布 OpenStack 开放源代码计划，微软在 2010 年表示支持 OpenStack

美国太空探索技术公司计划在 2019 年至 2024 年间在太空搭建 4.2 万颗卫星组成的"星链"网络。2021 年已部署 234 颗"星链"互联网通信卫星

图 1　智能网络技术发展引发的智能传播变革

在智能时代，象征形式的生产和流通是与传媒产业的活动密不可分的，技术的发展推动着传媒行业的发展，如今的大数据万物互联时代，人类的生活离不开信息，而信息流通的方式又离不开传媒。如今，新闻的生产分发已从报纸、收音机、电视机转向电脑、手机等移动设备，所以在传统新闻业发展转型中，技术发挥着巨大的作用。

1. 转型后的传统视听媒体面临的困境与问题

媒介产品多样与实际运用形成"剪刀差"。媒体高新技术渗透融入视听媒体产业中并快速发展，其突出特征是以 AI 技术为核心的机器人写作、算法、推荐、智能核查等技术得到广泛应用，使视听媒体与 AI 的融合成为新常态。传媒的智能化表现为用户行为智能化、内容智能化、传播平台与渠道的智能化等，而视听媒体的智能化表现为视听素材的采集、编辑、分发与消费的智能化。近年来，多家主流媒体积极探索媒体智能化的路径，如采用"云对话""5G＋VR"、全息投影技术记录并再现物体的真实影像，再现 720° 实时场景，"融合媒体"向"智能媒体"转型。AI 全面介入传媒内容生产，智能媒体把 AGC、PGC、UGC 等形式合为一体，用于视听媒体内容生产，形成新的内容生产格局。《人民日报》采用 AI 视觉、自然语言处理、深度学习等技术，用于其 Media 智能媒资系统、传播力分析以及智慧新闻大数据中，还有视频人像识别、文字识别和语音识别等功能，自动制作视频并自动匹配字幕，并根据传播力模型计算传播力指数，分析稿件传播路径、传播趋势，提升了内容收集、筛选和分发效率。移动网络时代，媒体的智能化生产与传播效能大幅提高，支持接收端愈加丰富的应用场景，在传感器、大数据与云计算等基础层架构上，借由语音识别、知识图谱、机器学习等具体技术全链条改造媒体领域资讯产品的流通与分享，贯通产品的采集、内容生产、内容分发、媒资管理、内容风控、效果检测、媒体经营、舆情检测、版权保护等环节，带来了视听产业的多维度创新实践。

5

媒体与受众互动"能力"下降。即传播力、影响力、引导力、公信力下降，移动网络时代，媒体交互的时效性、便利性、互通性等特点，网络巨头与移动设备在不断地掠夺传统媒体的资源；再加之现今社会压力增大，受众碎片时间耗费在了移动设备上，传统媒体的生存空间进一步压缩，因此，互动差，话语弱。传统媒体是单向传播，即便有互动，也无法在移动网络时代占据话语权，而新媒体则让受众既可以接收信息，也可传递信息，变身为"用户"，所以传统媒体的传播方式已无法满足用户的需求。

"中央厨房"并非必然。《人民日报》的"中央厨房"成为媒体转型发展的一个标杆与样板，国家颁布的县级融媒体中心建设规范也参照这一标杆推动，尤其是出台的五项规范要求大多沿用。此后，中央电视台、新华社也相续推出了自己的类似产品。并逐步形成了一种新的资源整合、协同工作模式，中央厨房的思维对传统媒体与网络的流程的改造、媒体转型，起到了一定的推动作用。但这一模式并非放之四海而皆准，不同的媒体可以根据自身实际、历史缘由，寻找适合自己的资源整合模式与转型发展路径，而不是千篇一律套用此模式。随着高新技术与媒体算法的广泛运用，此模式所导致的"算法垄断""信息茧房""信息过载""浅层阅读""用户隐私"等问题进一步彰显。传媒媒体转型后同质化极为明显，产品形式雷同化，导致用户产品消费厌倦；视听内容的"一鱼多吃"，其负面作用是，会导致本来可以精工细作的一道"菜"变成粗制滥造、偷工减料的多道"菜"，片面强调内容样态和分发的多样性，产品质量会适得其反。AI 时代的大趋势是传媒业与其他产业间边界模糊，媒体的核心资源，越来越多地出现在媒体之外的商业化平台上。如图 2 所示。

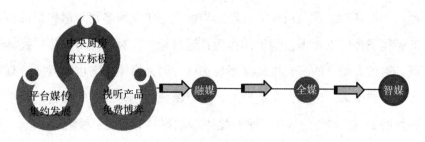

图 2　新型主流媒体转型发展路径与转型基础

平台媒体集约发展并非万能。以平台形式集约化发展是高新技术所导致的必然结果，并且网络巨头以这种方式汇集大量网络用户，也是主流新媒体发展的方向与趋势。但网络媒体的"去中心化"生态被改变了，形成了"再中心化"，即集权性质的内容生产与分发、社交和服务功能的综合大型平台，话语权进一步增加，导致整个媒体生态格局深刻变化。平台的渠道是视听内容到达受众的一种通道，其流水线式的工业化生产推出了产品规范的媒体消费品。但用户并没有实质性变化，用户仍只是渠道的端点，受众之间是相互独立而分割的，内容生产者与受众之间被平台与渠道分离，用户只是消费者。平台是内容到达用户的多元路径、复合生态，受众因各种原因汇聚于平台上，相互之间产生了连接。因此，内容生产者与受众身份相互转变，受众与用户融合，并与生产者融合，产生一种新的生产力。平台的集约化要维系生产者、受众、用户的稳定性与忠诚度，采用了各种措施，如大数据、算法等技术，而受众需求也随社会的发展趋于多样化与多元化，平台要不断提高服务的能力与水平才能满足并维系这一日益增长的多元化需求。主流媒体在融合发展中，既没有社交媒体的资源，也没有高新技术公司的独特算法与分发技术，大多是同质性的规模化竞争与发展，很难在内容分发上成为市场主导者。专业的媒体平台之外的综合性商业平台，因为受政策与制度限制，以及资金与技术约束，也难有专业媒体平台的独立性，很难吸引到其他的内容生产者，即便一时因算法与技术原因吸纳了一定规模的

7

用户，但其持续性是最大的问题。当前，一些资源丰富、用户基础良好的媒体平台可以将平台型媒体作为长远目标，但对于大多数传统媒体来说，追求大而全的平台也许是不现实的。因为媒体生态也是需要"百花齐放"的格局，未来，专业性的、垂直领域的、非媒体的平台仍会生存并发展下去，与传统媒体、平台媒体、自媒体等组成一种生态平衡。

视听产品免费博弈并非出路。视听产品的付费与免费消费，目前已在用户或受众中形成了一种被认可且可接受的消费模式。当下，国家级主流媒体趋向于免费性质，深耕细作垂直领域的专业媒体倾向于付费。2017年，"财新通"平台全面收费，与此同时，上海报业集团等大型媒体集团也推出相应的付费媒体产品，并且初步试水成功，这些专业媒体的收费举措，一定程度上让从事资讯生产的媒体对内容付费是既爱又怕。以"问答"为特征的"知乎"应用，开启了媒体内容产品付费的商业化常规模式，并以"问答类"精准匹配定制化生产方式试验成功，同时也暗示媒体内容产品用户付费的可能性。视听产品付费消费模式也在主流媒体中应用尝试，但媒体提供的知识或消费产品并不是不可替代的必需品，因此，只能尝试性地推出用户可接受的相关收费资讯产品；影响资讯内容付费的还有很多相关因素，如专业生产壁垒、生产者与需求者的匹配能力、给用户的回报、竞争环境、用户黏性、用户习惯等；再次是用户以往在同类产品中的免费还是付费的习惯；最后是对于内容付费制度的实行也是关键。媒体平台毕竟不是知识平台，可以试水内容变现的多样化路径，尤其是通过广告创新、平台分成、延伸服务，甚至 IP 运作等方式实行变现，但未来免费的媒体产品已是大势所趋，变局与竞争仍不明朗。

2. 从网络化生存到屏幕化生存

网络化生存又分为文字化生存到数字化生存到视频化生存三个阶段。前网络时代，由于多种等因素的限制，人类基于一定物质基础即"物质化生存"方式，日常生活物质的媒介化意味着媒介化行为与日常生活的相互渗透与融合，媒介化行为成为主要生活方式，人与人的互动也更多的依赖现实物质基础与公共媒介。人们谋求自己在物质世界里交流沟通，以此追逐现实生活的话语权。一是网络文字化生存。网络时代媒体产品先是以"文字化"方式存在，有学者将这种媒介发展方式概括为"文字化"生存，受网络技术所限，其特点，首先是即时通信平台，其次是公共化的空间，如论坛、博客、微博等；网络文字化生存是与现实隔绝或相对独立的；体现的是个体的文字水平、阅历、见识、知识、思想等；随着网络技术升级普及，网络传播向数字化转型发展，尤其是图片的数字化以及 OCR 技术的数字化；基于文字的数字化生存与表达可以超脱物理世界的羁绊，更多是精神性的。同时，个体隐匿文字之后，其形象与存在感是由文字描述存在的。二是网络数字化生存。该概念源于《数字化生存》一书中提出的概念，即人类生存于网络虚拟的、数字化的活动空间中，应用数字技术从事信息传播、交流、学习、工作等活动。网络数字化生存的关键性标是人们从原子世界的生存进入到比特世界的跨越式发展。网络只是人类信息交互的一种介质工具。网络技术的发展推出了物联网、云计算、移动网络等智能化技术，并成为未来社会的发展趋势。三是网络视频化生存。该概念则是随着 VR、AR/MR5G、云计算、区块链技术的发展成熟起来的，视频在网络空间里以数字视频形式传播，让现实的主体成为网络的镜像与虚拟的ID，网络里"镜像"在传播中被观看关注，甚至影响现实的存在。视频化生存意味着人类以视频符号方式存在与互动，以及主体日常生活的网络媒介化。相比传统媒体的视频内容，海量用户提供的海量视频，大大提高了影像对现实空间的覆盖程度，碎片化的视频最终会组合接近现实物理空间的视频空间，人们在虚拟空间的生产与传播，比文字更多的展示了私人空间，在网络空间里重塑再造自我，消除了现实生活中的"圈"与"层"的约束，网络视频成为社会的"毛细血管"，彼此相连，形成与现实空间互为镜像的虚拟空间，从而让现实生活与视频化生活界限变得模糊，构成一种既非完全现实，但也并非完全虚拟的生活状态。

屏幕化生存是"数字化生存"与"影像化生存"的升级，主体把影像化生存的终端挪移至屏幕端，即网络的终端，也就是影像必须经过传播达到终端，让主体存在于受众的屏幕上，让网络的数字语言、影像语言、文本语言转换成受众观看消费的屏幕语言。马诺维奇在《新媒体的语言》中，将屏幕生存的发展分为经典、动态、计算机屏幕三阶段。从文艺复兴时期的绘画艺术到 20 世纪的电影艺术，现代的视觉文化始终有着另一个虚拟空间的存在。经典屏幕即作为一种矩形平面，存在于日常空间中供人们正面观看，受众可以构建完整的幻象与不断变化的视觉内容，动态屏幕，即影视屏幕，则是通过筛选、屏蔽、接管感知，营造出画框之外世界的不存在感。计算机屏幕则是屏幕被分割成了一个个更小的窗口，不再是单一图像的呈现，人们也不再把注意力集中于单一影像之上。一系列交叠的窗口并存于计算机界面之上，这是现代图形用户交互界面的一种基本法则，伴随着 AI 和 MR/AR/VR 等虚拟技术的发展，受众自由进入虚拟空间成为可能。虚拟的模拟空间与现实的物理空间得以重合，现实也被纳入矩形框中，屏幕成为用户的整个"视界"，现代生活就发生在屏幕上。数字技术逐渐消融了媒介介质之间的差异性，使得电子屏幕成了居于核心位置的融合界面，对屏幕的应用开始集中于关注其与社会文化形态、沟通交流方式以及艺术构型的关系型功能。塑造出受众与屏幕之间的特殊关系，数字时代的成像技术，使得"视窗"这一媒介开始在一个画框内加入多重透视，彼此之间并不存在一种系统性的空间关系，使用者可以同时进行线上聊天、视频播放与文稿输入等工作。这些散布在界面上的"视窗"所构建出的现代视觉系统，呈现出碎片化、同时的、多重的、可改变时间的时空感。

3. 智能技术为传统媒体带来生产力变革

当代技术发展日新月异，技术原本就是人类肢体的延伸，目前 AI 技术已渗透应用于各类产业中，媒体对于 AI 的应用正得其时。当下，AI 机器写稿、机器人主播、物联网、大数据及 VR/AR 等各类技术广泛应用于媒体产业中，引领媒体产业向智能媒体转型发展。基于近 20 年的不完全统计数据，全球智能媒体技术公司前 20 家中，中国有两家公司位列其中，总专利数在前 10 名公司中占 13.7%。美国公司总专利数占 66.8%。韩国公司总专利数占 17%。中国的智能媒体技术专利也为全球智能媒体的发展奠定了坚实基础。如表 1 所示。

表 1　国际上智能媒介技术专利公司排名

（基于 2000—2020 年不完全统计数据）

排名	公司名称	代码	数量	国别
1	三星集团	SMSU–C	2812	韩国
2	英特尔公司	ITLC–C	2334	美国
3	高通公司	QCOM–C	2270	美国
4	微软公司	MICT–C	1996	美国
5	苹果公司	APPY–C	1865	美国
6	谷歌公司	GOOG–C	1803	美国
7	中兴通信股份有限公司	ZTEC–C	1172	中国
8	国际商业机器公司（IBM）	IBMC–C	1166	美国
9	OPPO 广东移动通信有限公司	GDOP–C	1093	中国
10	RIM 公司	RIMR–C	1057	加拿大

在中国，媒体具有企事业双重属性，既要履行国家意识形态的传播职责，还要以市场主体身份进行市场竞争。技术赋能强化了两方面的功能要素，改变了媒体的生态格局。人机协同、场景化、时空性、泛在化成为未来媒体智能化的趋势。AI 技术为实现内容认知、用户理解、场景识别和智能推荐等提供了新技术支撑，从而帮助商业平台如"百度大脑"、主流媒体如《人民日报》的"创作大脑"进行内容升级和用户体验升级，满足人们的精神文化需求，呈现出全方位的个性化服务。

海量智能识别，助力数据监管。早在 2015 年，新华社自主研发的"快笔小新"机器人写稿系统和"机器人记者"就被正式推出。2017 年年底，新华社提出建设智能化编辑部，发布全球媒体首个人工智能平台

"媒体大脑"，将人工智能应用到了新闻传播实践中。人工智能对传播的助力不仅体现在内容编辑上，还体现在对内容的监管上。

某些网络内容的低俗、庸俗和社会价值弱化，给主流价值的传播带来挑战。大众偏好的内容往往不等同于优质的内容，而资本的趋利性在客观上助长了内容生态的低质化。而大数据时代网络信息爆炸式增长，低俗庸俗等与社会整体价值取向不同的内容更加层出不穷，这给监管带来了一定的难度。

要想在海量信息中快速获取信息的整体特征，仅仅依靠传统的网络内容监管方法是远远不够的。人工智能的迅速发展，数据挖掘、数据分析、数据关联等技术的运用，使得信息来源和数据类型变得更加丰富，因此内容监测的覆盖面更广泛，更好地实现智能管网治网。

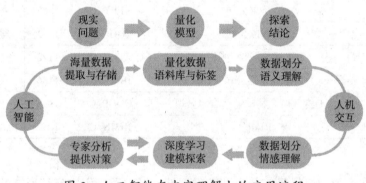

图 3　人工智能在内容理解上的应用流程

通过借助人工智能技术，网络内容监测在传统的内容监测中融入了关系、情感等要素，随着语义分析、情感分析、关系网络分析等技术的发展，人工智能以其自动化、智能化、精准化的优势，能够在互联网上自动采集网络数据，利用机器学习和深度学习算法分析网络数据的语义和情感倾向，通过监测情感、动机、社会心理等背后的因素，可以探索信息传播节点之间的社会网络关系。人工智能技术实现了媒体传播全过程的动态监测与全网热点内容的实时监测，使网络监管更加全面和及时。

依托感知智能技术和数据流挖掘技术实时处理高速传播的大量数据，把握网络内容的产生来源和传播趋势，人工智能技术实现了媒体传播全过程的动态监测与全网热点内容的实时监测，使网络监管更加全面和及时。在主流媒体通过加强传播手段和话语方式创新的同时，借助人工智能的手段净化互联网环境，让网络空间的主旋律更响亮、正能量更强劲。

媒体、平台、受众精准画像。移动网络大数据时代，网络巨头的商业平台主导了资讯传播渠道，内容的采集和分析，受众的精准定位，平台的商业架构、数据数字画像成为其盈利的重要策略。主流媒体也借用这一模式，构建自己的平台渠道获取用户，并利用自己深耕媒体多年的优势，进行数据挖掘和分析，构建出一整套完整的画像体系，为受众提供更精准的信息服务。同商业平台一起争夺受众份额，这些"数字画像"数据（包括身份数据、设备数据、受众隐私、行程访问记录、上传或下载记录、搜索记录、浏览时长等实时动态数据）从不同视角反映出了受众在接受媒体资讯时的兴趣偏好和个人意向。构建画像的核心是进行数据建模，建立数据模型进行数据整合，其实质就是围绕用户属性构建相应的知识图谱。

海量数据采集　　数据分析处理　　受众与平台画像　　构建知识图谱　　用户精准定位发布

图 4　用户画像模型构建过程

通过人工智能构建画像功能在视听产品的传播中表现得尤为突出，2019 年爱奇艺提交的 800 件专利申请中的 60% 与 AI 有关，而在爱奇艺 App 内，系统会根据用户的浏览习惯，给每个用户打上个性化标签，从而为受众提供精准需求的视频服务。AI画像技术，可对用户进行深层次的挖掘与分析，判断用户的活跃度和忠实度，同时借助标签体系，构建完整的画像机制。抖音和快手的快速崛起正是借助此类工具，满足了目标用户的视听消费需求，"去中心化"的产品与算法分发技术让内容产品更丰富，从而引起用户的强烈共鸣。"数字画像"还可以分析用户的状态，增加用户黏性，从而把握传播的时间速度效益，调动用户转发、点赞、评论的积极性，进行二次传播，进而提升传播的精度。视听产品的智能化、移动化传播成为趋势，2021年10月25日推出的以"5G+4K/8K+AI"作为技术支撑的奥林匹克频道，就是人工智能在视听领域的拓宽应用。受其影响，商业模式及人们的生活模式开始发生改变。数字画像技术还可以利用用户移动终端的定位数据，将用户地理位置信息与用户的个人信息、行为信息等多方面数据相结合构成用户场景信息数据库。用户通过移动终端可以随时随地接收到资讯信息。因此，移动应用与AI技术的融合将更为精准满足用户的视听消费需求。

善用智能算法，精准投放产品。算法推荐系统被广泛应用于各个领域，如网购平台、音频平台、社交平台等，不仅可以给运营商带来更多利益，更重要的是为广大用户提供了更好的体验。这也充分说明在融媒体环境下，面对繁杂的内容，受众们需要这种更加先进智能、更加个性化的信息发现机制。

随着人工智能的发展，机器学习和深度学习算法框架被广泛应用于智能推荐系统当中，在很大程度上推动了推荐系统的发展与进步。推荐系统通过存储、计算和推荐三个主要环节完成智能推荐。存储过程主要是对用户的信息数据、行为数据等进行收集与记录；计算过程则是对收集到的数据进行预处理和特征选择后，利用推荐算法分析挖掘用户的兴趣偏好；推荐过程是根据计算得到的用户兴趣偏好从内容数据库中检索出与之相似的内容，将符合用户兴趣偏好的相关内容推送给用户。媒体机构和政府部门可以利用智能推荐算法，根据用户画像为用户设置议程，向用户推送更加精准化的内容，提供可靠、时效性、个性化的信息和数据服务，从而发挥主流媒体和政府部门的传播优势。通过优质信息的传播，有效引导社会舆论，推广社会主流价值观，能够在一定程度上优化和改善信息生态环境，不断提升智慧融媒体的传播力，从而最大化发挥媒体的积极作用。

人工智能技术为媒体深度融合开拓了新领域，智慧融媒体已经成为媒体融合纵深发展的方向。人工智能技术为实现内容理解、用户理解、场景识别和智能推荐等智能化手段提供了有力的支撑。通过智能化手段感知用户使用场景、理解用户行为取向、精准投放优质信息，提高传播效率，从而帮助媒体进行内容升级和用户体验升级，不断提升媒体的传播价值。

未来的技术赋能会更加深远而广泛地改变媒体的传播格局，媒体融合不再局限于媒介形态的融合，而是通过智能化传播实现媒体资源的融合。未来的媒体传播将打破时间和空间的限制，形成媒体与人、媒体与媒体互联互通的生态体系。

表 2　媒介技术的对于视听产品的智能化影响

范围与环节	直接影响	导致的问题与挑战	间接影响与趋势	媒体形式
受众与用户	用户与受众概念混淆；用户分析与画像，产品智能化匹配	算法、算力和数据规模化突破性发展 人文伦理、社会主义核心价值观同算法冲突 后真相时代①的资讯异化 数据安全与算法滥用 人机交互与机器裹挟 信息茧房与回声室效应 算法黑箱与人为治理 信息鸿沟与智能鸿沟 数字异化与网络对抗 人机连接与人际隔离 聊天机器人"数字幽魂" 人的遗忘权、隐身权 智能技术与人文的纠缠 数字化"全景监禁" 非真实与虚拟现实 传播者偏见与歧视 视听产品的低透明度	意识形态与价值引领；以环境以要素，以人为本，以物与服务为核心的平台重构	VR颠覆接收端，5G统一传输平台，AI重组生产端；微博、今日头条、知乎
策划与选题	大数据智能分析选择		视听内容的重构	自主算法与大数据
设备与采集	自动化采集；智能工具与可穿戴设备、VR/AR/MR技术增强了"临场感""现场感"		产业重构与重组；搜索引擎+算法调度网站流量；个性分析+算法匹配决定平台用户；临场体验+社交传播决定平台受众	车联网、物联网与媒体的融合
编辑与生产	机器自动制作编辑生产；数据或文本结构化程度高、情感语境性低，易于智能算法的领导实现机器人编辑与生产		云优先战略；长视频智能短化加工；内容生产重构；媒体的网络化重构；各媒体的AI合成主播与自动资讯	AI生产的全息化全程化，出现快笔小新、Wordsmith、Dreamwriter、张小明等工具应用
审核与发布	机器审核校对，精准到达用户，算法成为核心竞争，融注于审核发布环节		分发渠道的社交化与个性；分发的自动化社；会化媒体与客户端成为资讯分发重要渠道	微博、推特和脸书的"对话即平台"的商业化设置
传播与资讯	实时在线互动，受众与用户身份交互混融；资讯内容的产品化		传播渠道的重构；人体终端化穿戴设备；智能家居环境数据化；智能汽车沉浸体验化	人机感官与语言的实时交互
交互与反馈	可实时交互，受众与用户身份混合交融		信息终端与生态的重构，话语权的大众化	人机的感觉与语言交互

---

①　2016年选入《牛津词典》，是指在网络时代，人人都有话语权与传播权，但时常把自己的情感色彩融于传播中，受众要应用现代新技术探寻真相，找寻真相。

（二）视听媒体从媒体融合到融合媒体的演变

技术创新正强势驱动视听媒体向融合媒体加速转型。媒体融合可分媒体融合、融合媒体和智能媒体三个时期。媒体融合的本质是技术融合、人人融合、媒介与社会融合。视听媒体的融合自国家 1983 年确定"四级办电视"的政策后，在技术和市场的双轮驱动下，快速从媒体融合向融合媒体转型，其过程并非一帆风顺，既有媒体融合，也有媒体分化。融合发展经历了媒体融合期、融合媒体期和智能媒体期，各阶段的特征内涵不同。

表 3　智能媒体发展演变路径

类型 / 意义	媒体融合期	融合媒体期	智能媒体期
本质内涵	以媒体为主体的整合，以网络为主的媒体相加到相融、交融	以传播或商业平台为主导的融合，即人人融合、思想融合和媒介互融	智能技术渗透进媒体产业，内容生产端的革命
时间进程	2001 年开始至移动互联网应用	以 2008 年 3G 应用到 5G 应用	首张 5G 牌照商业应用至今
网络特征	视听媒体的网络化延伸与拓展	消弭了传统媒体与新媒体、传输与接受的技术界限	5G 网络赋能视频传播
技术路径	PC 端传送图文、视频等各类信息	无线传输协议新标准，大幅提升 Wi-Fi 的传输速率	系统性技术革命，媒体从接受传输到生产的智能化重构
驱动缘由	网络技术与产业市场的双重驱动	产业与用户多样化需求双重驱动	技术和资本、用户个性化需求多重驱动
叙事特征	以视频叙事为主导，电视媒体与视频产业加速发展	以移动叙事为主导，视频叙事占据主导地位	基于媒介技术的全方位叙事，以意识形态、价值引导的叙事
边界消融产业重构	加速传统媒体向现代新型媒体转型，产业结构矛盾突出，亟待解决	加剧传媒业的裂变与重组，推动商业平台介入传播与媒体行业，以技术解决产业与行业发展问题	传媒产业彻底被重组，传媒产业与移动网络无缝衔接
传播重塑版图再造	由平面媒体介质向网络媒体电子介质转变	转换传播渠道、转变表达方式、转变生产机制	算法主导的人、机器与社会交互的传播方式

媒体融合的本质。媒体融合的本质是技术融合、人人融合、人机融合、媒介与社会融合，其内涵、实质、应用方面各有不同。

17

表 4　媒体融合的内涵实质与应用

类型	内涵	实质	应用
技术融合	围绕生产、传输和接受效能的全面提升，围绕社会整体媒介化和智能化的需求而打破既有边界，做出相应改变	技术标准和技术体系的融合，为结构性重组；是升级迭代的技术发展过程	媒体机构是内容生产者和传播者，技术是中介和工具，受众是市场；AI+5G+VR/AR 的应用
人人融合	用户融合；媒体生产处于工厂流水线标准化状态，网络赋权社会	人人皆媒体，大众智慧聚合；垂直细分的媒体格局无法适应网络化发展，网络拓展人们获取资讯的空间边界	各类算法应用到媒体全行业，用户借用媒介、媒体、网络进行人际交互与融合
人机融合	社交机器人运用自然语言以其"类人化"能力与人的互动；具备认知、情感和行为能力	文本挖掘和机器学习技术使机器初步具备媒体与人的内容、形象、情感管理与社交活动	具体"中立化""理性化"等特性，且活跃度与用户数高
媒介与社会融合	媒体概念重塑，万物皆媒、万物互联智联；从数字化生存到智能化生存，个体与社会结构融合打破了行业和社会的边界	人类社会的连接性达到空前的广度和深度。媒体成为社会的新基础设施	虚拟空间与现实空间实现融合。随之而来的是智能穿戴设备、智能音箱、智能家居的快速普及

1. 视听融合媒体的抉择与发展

视听媒体面对网络商业与 AI 技术的冲击，只有思想理念和实践创作上进行创新探索，才能重新定位新的发展究竟。

技术驱动理念变革，直面技术强权。智能倒逼视听媒体变革，AI+5G+VR/AR/MR 等技术彻底改变媒体内容生产格局与制作流程。AI 成为视听媒体新的生产力，以更精确和更灵活的方式满足受众对于多样化内容产品的需求。5G 技术为视听媒体发展提供了新的发展契机，此前受带宽限制而分化的传播渠道将在 5G 商业平台上融合为一体，驱动着前端的生产融合和终端的接受融合。VR 的渗透将系统颠覆视听内容的消费习惯。全息媒体将极大扩展内容消费的空间维度，塑造用户的全方位体验，反过来也驱动着 AI 生产的全息化和全程化。在打破传统媒介物理边界的同时，相互推动、互相借力，缔造万物皆媒的新时代和媒介与社会一体化的新生态。智能技术语境下，专业与大众、大屏与小屏、人工与智能的边界将逐渐消失，智能传播将以自动化机制满足不同屏幕背后的流动性的观看需求。VR消解了屏幕大小的边界，丰富了观感体验，视听媒体必须要摒弃传统思维，走上智能媒体发展轨道。

分步推进，分层实施，彰显融合本质。媒体融合不是传统媒体的网络化延伸，而是媒体的系统性重构与体制性重构，是社会媒介化和媒介社会化的双向融合。其发展是从媒体融合到融合媒体再到智能媒体的推进过程，而技术、受众和网络融合发展过程中，视听媒体并不能独善其身，必须看清从媒体融合到智能媒体的路线图，定位自身所处的时代坐标，规划先行，移动优先，运用自身传统优势，抓机遇，抢发展，有的放矢，有所作为。高新技术浪潮汹涌，留给视听媒体的时间已经不多了。

守正创新换位探索，从传播大众向大众传播。视听媒体与新媒体、网络媒体有所不同，视听其是其主要特征与物质，而在移动网络中成长起来的受众，既是内容的主导者，也是市场的主导者，其行为规范、文化特征、群体心理，是视听媒体应予关注的重点；同时，也要发掘视听媒体独特的媒体基因和传播优势。虽然视频是传播的最高形态，娱乐是视频的原始属性，却不是媒体影响力和话语权的来源。守正创新、初心延续是融合媒体和智能媒体最珍贵的品质，要用主流价值引导视听媒体与网络平台。

2. 智能媒体泛化及特征态势与用户的具身化 ①

网络智能语言工具科大讯飞、小度、小艺、Siri、Google Now已成为人们习以为常的网络交互工具，并不断地向机器写作、自动化视频生产的应用和AI主持人推广，并持续向智能驾驶、智能家居、智慧城市等领域蔓延，

---

① "具身化"是当代认知科学—哲学中的一个重要的、前沿性的主题。当代美国著名心灵哲学家安迪·克拉克在其近作《拓增心灵》一书中对这个问题进行了极具启示性的阐释：他试图基于对等价原则和生物体中心原则(HOC)这两大基本原则的论证来重新建立"脑—身—世界"的原初的交互循环，认为"具身化"是"知识"和"行动"的中介。上述内容见姜宇辉的《"具身化"：知识、行动与时间性—从安迪·克拉克到吉尔·德勒兹》[J].华东师范大学学报(哲学社会科学版),2010,42(4):21-27。

标志着智能时代媒体泛化的复杂场景已经在我们身边渐次展开了宏大画卷。智能技术体对传媒及全社会各领域渗透与扩张，推动社会的数据化、网络化、智能化发展，人的世界、物的世界、信息的世界在新一代信息技术的创新与扩散过程中，不断地实现连接、交互与融合，持续生成新形态的智能媒体，拓展并模糊着智能传媒的边界。另一方面，AI 技术向作为社会主体的人进一步渗透扩张，以技术迭代升级推动智能技术用户的具身化。

表5 媒体的智能泛化与媒体用户具身化

类型与意义	媒体的智能泛化	媒体用户具身化
概念内涵	媒体是一个复杂而庞杂的系统，通过开放的逻辑与连接规则，重组人、机、物与环境的关系，从而导致媒体智能化的拓展与深化，使人、机、物与环境都具有媒体性的趋势。媒体泛化的核心是媒体性能泛化	高新媒体技术与人类身体呈现出融合特征，并以技术的方式延展了身体的视觉、听觉和知觉等官能，成为离身的媒介
本质特征	复杂的系统在泛化连接基础上推进物理世界和信息现实世界的交互与融合，从而实现了媒体泛化；具有混质性①、奇异性②、活性③等主体特征	体现技术作为人的存在方式之一部分及与人须臾不可分离的特征。媒介技术正经历从离网平台从身化向具身化转变，具有移动性、视频化、沉浸性特征
发展态势	从微观向宏观的系统性转化。有泛化领域、泛化形态、泛化内容、泛化虚实等态势	"万物皆媒"，将传感器所构成的物联网作为改变资讯采集、分发能力和模式的变革驱动力
核心功能	媒体性能泛化。海量数据经由连接、交互、处理、决策，使得媒体功能成为解决各类复杂问题的一般性方法，复杂性问题通过媒体化的方式获得较为合理的解决方案，纳入社会信息处理的范畴	消除物理上空间、时间的隔阂和距离，增强临场感和沉浸感，更有利于人们进行沟通、交流和劳动工作，还具备审美的艺术文化功能，让心灵得到滋养和平静
边界领域	具备无限可能的多样化形态；主要有智能媒体化和媒体智能化两大领域	分为用户身体与媒体技术两种形态；临场感和沉浸感有利于人际交流和沟通，还能审美、滋养心灵

---

① 指泛化过程中呈现出的媒体介质及技术性质分类的复杂性，是一种跨越物理、生物、信息边界的客观存在。

② 指媒体泛化发展变化中呈现的各种出乎想象的可能性。它包含多重路线协同进化以及混质竞争导致的不确定性结果。

③ 指媒体泛化具备生物体生命活力的典型特征，依托模块化设计结构，实现复杂任务的分割、替代、扩张、排除、归纳、移植等功能的灵活组合，具有强大的生存和发展能力。

续表

类型与意义	媒体的智能泛化	媒体用户具身化
内在关联	具有 AI[①]和人类智能[②]双主体化的特质。突破了虚实界限、软硬件界限，多样化发展。凡是媒体能够触达的领域，可以生成新的媒介域，特点是进化快速、扩张迅速且无限膨胀	数字再造了虚拟世界，但并非完全真实、客观的世界
形式与内容	自动驾驶汽车、苹果手表、谷歌眼镜、可穿戴技术与媒介技术的融合；泛化主体与客体、泛化平台、泛化产品系统影响下的泛化内容实际上构建了内容、产品、信息的深度融合，呈现出 UGC、PGC、OGC、MGC、AGC 共存的新景观	各种传感器接入互联网，成为数据、传感器等资讯信息源；感知和移动是媒介技术发展的重要方向

（三）视听媒介技术智能化发展的主要特征

　　全球知名科技预测机构 Gartner 每年都会发布新兴技术成熟度曲线报告，在行业内具有重要的影响力。综合近几年的报告可以看到，机器学习、语言翻译、知识问答、可穿戴技术、虚拟现实等媒介新技术，迅速从新兴技术转化为常态主流技术。这些具有具身化、自动化和个体化特征的媒介技术的应用和普及，推动媒体产业的数字化、智能化、移动化技术向着身体与技术同构的沉浸式方向发展。

　　技术革命都有与之相匹配的"信息／能源／交通"等领域的创新，并且新技术都会与媒体渗透融合建立时空重组的新矩阵，当前新技术让社会中的人机、人人、人物交互关系再度分化聚合，媒介产业深度融合意味着资讯传播能力以前所未有的速度和广度渗透到经济与社会的每一个角落，从而形成泛媒介化或媒介泛在化的趋势。"互联网＋"突破了媒

---

　　① 人工智能的媒体功能是通过传感器连接数据感知信息并作出决策的，其核心是软件工程即算法，算法能够应用的所有领域，因其具备对信息的智能感知和反馈决策能力，而呈现一切有可能的泛化。也就是说，一切能够加载人工智能技术的物品都是媒体，无论虚实。

　　② 人类智能的媒体化是从"人类＋媒体"走向人机交互与融合，是人类自身向度的内部挖掘和外部拓展。从复杂问题的多元化求解路线来看，生物学可能通过对人类本体媒体化特征的挖掘和放大，通过生物技术升级的方式而不借助机器智能，直接实现人的媒体化升级。

介产业内部之间、媒介产业与其他产业之间的传统界限，从而加速了跨界融合创新的步伐，所有介入其中的组织、个人、实物、事件和流程都将成为信息的生产者、传播者和消费者，在本质上具备了媒介的基本属性和功能，从而成为某种形式的不同于传统媒介类型的新型媒体。

关键技术	特质		融合创新	移动应用
基于网络与数据的物联网。作为基础设施的物联网。优化资源配置的算法，加速智能进化的机器学习，并不断提升智能的水平与能力。AI技术重新定义媒介及其产业边界。智能穿戴技术的用户具身化。	视听产品流与社会资讯流。自由传播和跨界分享，全息全员全程全效全态融合传播生态。屏读的崛起与消费，"问答"产品的出现与知识付费价值凸显。高智慧与高智能平衡。		新旧媒体技术的融合，新技术在传媒行业应用，并向相关行业扩张不同媒介技术的重新组合。媒介技术社会选择的价值取舍。视听媒介跨行业的应用与创新。行业与产业技术对于媒体的渗透融入。	创新垂直管理，小屏反哺大屏。推动资源整合，通联云上数据。注重服务拓展，提升用户体验。智能生产的人机协同重塑媒体内容生产流程。汽车家居能源等行业的移动应用。服务商务领域的移动应用。

图 5　智能媒体的关键技术融合路径及其基本特征

1. 智能媒体的融合特征

物联网是基于网络的人与物的链接汇集链接网，具有开放式、分布式、协同化、互联化等智能媒体特征，物联网中的人事物形成的各类数据成为网络数据流并形成价值链，随着智能设备的发展，设备之间的连接与互动将会创造一种新的智能。

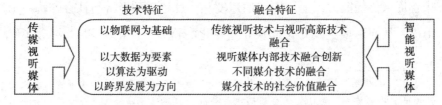

图 6　视听媒体智能发展的技术特征与融合特征

数据化。世界物联过程中，网络连接和智能节点所产生的数据量也呈指数级增长。"数据已经存在于全球经济中的每一个部门……数据资产成为最重要的生产要素。"①数据资产与数据技术成为当代产业竞争的核心能力。基于数据化之上的数据建模、模式识别、算法优化、机器学习、AI 等技术成为当代核心技术产业，基于数据化的平台媒体，使媒介内容的生产过程更加智能化、更加符合用户需求，数据成为智能媒体时代最重要的生产要素。

算法驱动资源配置。移动网络时代，算法成为一种通用的、包罗万象的媒介，受众随时处于不同的场景中，其信息需求与内容渴望会随着不同的场景而不同，从而开拓出了一个虽然有着时空限定，但却是无比广阔的智能媒体新市场，要求对处于受众与用户的各类数据进行实时的、动态的、具有预测性的数据分析和计算，激活并优化配置各类资源。同时，智能媒体也需要强大的移动计算能力来分析并预测用户场景化的媒介需求，为媒介自身和媒介用户提供智能化的信息服务，当然算法还包括各类为数据服务的机器学习。

智能媒介的跨界发展。媒介融合的最终目的不是传统媒体与新兴媒体的融合，而是人与媒介的融合。主体现在以下三个方面，一是基于物联网的泛媒介化趋向，AI 嵌入物联网世界带来泛媒介化，释放出的人类注意力促进了泛媒介化的内容生产与消费的极大繁荣。二是注意力资源的开发。相对于这种内容生产与消费的无限性而言，单个用户每天 24 小时的注意力资源即便被全部解放出来，都仍然显得十分稀缺，超级智能媒体生态就将在这种注意力的整体丰裕与相对稀缺的关系中不断进化。三是内容生产者与消费者融合。用户开始从媒介内容的消费者变成生产者与消费者，我们既生产各种形式的媒介内容以供他人消费，也消费那些其他用户生产出来的媒介内容，内容生产已经从过去集中化的、专业化的、组织化的生产模式向分散化的、随意化的、个人化的用户生成内容（UGC）模式转变。免费与付费产品内容同步推进。数十亿的内

---

① 赵国栋.大数据时代的历史机遇：产业变革与数据科学 [M]. 北京：清华大学出版社，2013：7.

容产消者正在大规模地生产并消费着原来只有出版社、报社、电视台才能生产的媒介产品和媒介内容，他们每一秒钟都在释放出图书馆级别的内容产量。四是视听媒体的跨界新业态。智能传播让视听产业快速跨界发展，视听边界以及产业边界一再拓展，智能的嵌入让用户步入全数字化、数智化生存发展时代。

2. 智能媒体媒介技术的融合化

媒介技术的融合化特征主要有传统视听技术与视听高新技术融合、视听媒体内部技术融合创新、不同媒介技术的融合、媒介技术的社会价值融合等。前三者容易理解，而媒介技术的社会价值融合则有些特殊，技术资源通过生产、维护和处置的链条，转化为人工制品、人造物，尤其是物联网和人工智能的迅速扩张以及数字技术具备显著的中心性，使媒介的物质性成为分析的中心，却常常忽略了伦理问题[①]。媒介技术的发展，是一个有所为、有所不为的社会选择过程，其集合了"社会的价值观、国家意志和公众对待技术的态度"[②]，包含着重要的价值维度。近年来，以《人民日报》客户端"军装照"应用引爆了人脸识别技术与其他技术的融合，同时也引爆了一系列争议。此后，网络巨头与平台媒体已推出的相关应用也先后暂停或关闭其人脸识别数据库或服务。技术之间的融合原本是技术问题，但引发的相关价值问题，激发了其他社会问题，如"算法价值观"的争议，以及"算法善用""科技向善"等倡议，技术的融合必须关注其价值与伦理问题。

二、主流媒体的智能化发展与建构路径

当前，国内的媒体融合已经进入深度精细发展阶段，移动媒体、

---

① ［英］格雷厄姆·默多克，刘宣伯，芮钰雅，等.媒介物质性：机器的道德经济 [J].全球传媒学刊，2019（2）：93-102.

② 肖峰.技术发展的社会形成——一种关联中国实践的 SST 研究 [M].北京：人民出版社，2002：93.

智慧广电、智能媒体的全面发展是当代主流媒体智能化的主要方向。通过新技术赋能，媒体内容的全流程生产将向智能化、自动化、数据化方向发展。新技术的应用使内容领域呈现多元化竞争格局，平台聚合激发了融合活力，智能交互技术持续引领内容生产升级。近年来，随着媒介技术的纵深式发展，媒体边界模糊消解，视听产品服务似乎无处不在。目前，智能媒体发展重点也有所改变。一是以今日头条为代表的网络企业商业平台对主流媒体市场份额的侵蚀，传统媒体既要宣传主流意识形态，又要在激烈的媒体市场竞争环境中实现自负盈亏。二是部分主流媒体缺乏网络意识和用户思维，媒体融合做"加法"，而不是像实体"融合"，只是把内外部资源叠加在一起，没有完善存量，优化增量资源，从整体实现融合。因此，深入理解智能媒体并建构智能融媒体生态的发展思路与建设框架尤为重要。

（一）主流媒体智能化发展的内在驱动

1. 媒体融合一体化一条龙 AI 化智能建构

媒体融合不断向纵深发展，媒体的"策采编审发传营管"内容生产流程形成"一体化一条龙"的智能化模式，为主流媒体转型发展提供了"横向到边、纵向到底"的转型机遇。整个流程通过网络巨头的商业平台或是主流媒体的自建平台为主线推进，并驱动商业平台或是主流媒体向终端、多平台、多资源、多协同、多维度、多交互的全媒体智能纵深发展。主流媒体的 AI 化发展、流程再造、平台重构，使得各种媒介资源、媒体生产要素以及媒介传播要素相互融合，焕发出了智能媒体传播的全新影响力。网络企业的商业资讯平台向纵深发展，为主流媒体提供了智能化发展的技术动力，让主流媒体既有技术参考，也有了发展模式与路径依据。在媒体深度融合过程中，智能媒体的传播平台与数据库、算法分发等新技术，让媒体的转向由发展定位到品牌塑造、由媒体平台到进阶路径、由发展目标到发展规划的总体格局转变。网络企业的商业平台则向上构建渠道、向下联结用户、中间联结媒体，以智能媒体为目标构建全新的媒体生态。

2. 新型主流媒体转型发展的建设需求

新型主流媒体建设是国家的全媒体发展战略，也是媒体融合背景下新媒体守正创新、构建现代传播体系的核心环节。国家行业主管部门也明确，媒体融合要坚持一体化发展，通过流程优化、平台再造，实现各种媒介资源、生产要素有效整合，实现信息内容、技术应用、平台终端、管理手段共融互通，催化融合质变，放大一体效能，打造一批具有强大影响力、竞争力的新型主流媒体。新型主流媒体的建设须遵循行业发展规律与市场经济规律，既要发挥舆论引导与价值引领作用，又要发挥市场主体作用。其中，内容建设是其根本，新型主流媒体亟待改变传统单向信息传播和投放的大众化模式，并以新思维、新手段、新路径优化和引领网络资讯传播与视听产品生产的格局。主流媒体建设内容的同时，还要拓宽主流媒体的生态环境与发展层级设计，以平台渠道为抓手，推动媒体的智能化发展，平台化是新型主流媒体立足于技术迭代更新的扩展，也是其探索新的媒介生态资源的重要途径。

3. 主流媒体智能化发展新态势

技术创新赋能智慧传播生态体系。全媒体语境下，大数据、云计算、AI/5G/AR/VR、物联网等新兴技术不断重构人们的信息传播和获取方式，商业平台或主流媒体的视听产品的策采编审发传营管等环节与行业发展方略也随之改变，以视听为主的传播格局日新月异。媒体的传播链条不再受时空间、场景限制，并且通过流程重塑、路径再造、生态重构，实现了高适配度的实时传播，为媒体智能化创新提供了新契机，未来"万物皆媒体，一切皆平台"的格局即将形成，媒体与相关行业成为命运共同体，谋求合作共赢，再度实现转型再造。

表6 从社交媒体到智能媒体：传播要素的交织与演变

传播要素	社交媒体	智能媒体	案例代表
传播平台	根据平台、移动互联网和移动终端的传播特性，聚合图片、文字、音频和视频等单一或复合型表现形式，极大地提高了信息传播的兼容度与便捷度	AI、AR等技术的发展及应用，使得内容形式更加立体化和丰富起来。智能技术增强了用户的体验感，让内容从"描述"走向"临场"	从内容生产与把关的角度看，技术降低了内容制作的门槛。算法起到了主导作用
传播渠道	"人找信息""关系"网络影响传播渠道，以人为主体的分布式渠道，每个人皆能成为信息的采集和传播节点，群众既可以分享日常见闻，也能加入到新闻生产的过程中	"信息找人"实景还原获得身临其境的感受，从多维度、多视角还原现场。内容从"描述"走向"临场"，通过终端设备，用户对内容的体验不再局限于视觉与听觉，而是进一步延伸到触觉	数据偏差可能造成误判，需要结合算法把关、专业把关及平台把关等多方合力，确保视听内容道正声远，避免误导受众激发社会矛盾
传播主体与传播者	消解了传统媒体传播者与受众间的绝对关系，让传播者不再限于专业媒体或组织。具有信息传播者、生产者、接受者等多种角色，社交媒体时代的传播者与受众融合为用户，具有用户"五位一体"即内容生产者、信息扩散者、信息接收者、社群活动参与人、其他网络行为人的特征	内容生产主体从专业用户和普通用户进一步扩展到了机器用户；基于AI以及大数据分析等技术手段实现的以机器人为主体的传播。机器传播主体的出现极大地释放了人力，让信息内容的发布与传播具备全时性和全程性的新特征	新华社的"快笔小新"、腾讯的"Dreamwriter"等写稿机器人，以及新华社和央视推出的虚拟主播，或是平台中出现的聊天机器人等
传播模式	以"用户为中心"的发展模式，拉斯韦尔提出"5W"传播模式，社交媒体正"压缩时空"摆脱了时空的制约，构建出现实空间以外的第二空间，使得信息的传播具备即时性特征	以"数据为中心"的网络传播模式；通过分析用户画像以及行为、环境、文字、内容等特征，实现定制化的内容生产与精准的个性化内容分发，提高内容触达率。AR/VR/MR技术拉近了时空距离，穿戴设备实现"缺席的在场"，让"同时性"成为"共时性"	智能媒体作为人以外的内容采集和生产主体的延伸，也让内容分发从"即时性"进一步扩展至"全时性"
传播内容	单一的专业用户扩展到普通用户和机器用户，传播内容也从专业生产内容扩展到了用户生产内容和机器人生产内容；个性化	写作机器人通过大数据、深度学习等智能技术实现机器内容生产，内容具有人格化特色，是标准化的内容格式，确保了内容生产的速率和准确性	AI写作的模式容易形成形式化的问题
受众消费	打破了传统意义上传播者与受众的界限，受众同样也是"五位一体"的用户	受众的偏好、习惯和行为等用户信息被进一步数据化、标签化。正是受众（用户）在传播时的作用和影响力逐渐增强，对于受众（用户）的数据以及行为分析就愈显重要	可穿戴设备的普及，让传统的信息接收者转变成为数字化的节点

续表

传播要素	社交媒体	智能媒体	案例代表
传播效果	受众的兴趣偏好与需求在很大程度上影响着传播者的传播意向与行为。同样，由个体和社群所构成的社会网络，促使传播者（受众）不再仅仅是孤独的个体，而三者所形成的网络聚合效能，将会影响着内容传播的力量与效益	轻松与及时地获取用户动态化的信息反馈，从而实现精准分发并对传播效果进行预判；用户行为的泛在性和复杂性也导致难以获取全部数据的问题。算法技术的推动下信息能够传播得更广、更精准，通过个性化推荐能够达成高效的传播目的与效果	改变了传统的传播要素，传播主体和受众的多元化、传播内容的多样化、传播渠道的多级化都共同影响并导致传播过程及效果的复杂化
传播生态	Web2.0 时代，以人为中心，构建出具有主动性、广泛性、个性化和交互性的社会关系网络；实现 UGC 内容生产应用以及用户主导内容的传播模式的出现	Web3.0 时代，移动互联网与设备，物联网、大数据以及 AI、5G、AR、VR 等新兴技术，推动人机深度融合	重塑了传播生态与媒介功能，平台、渠道、内容、传播、运营发生了根本性变化

　　媒体协同构建智能传播格局。媒体融合的最终目标是建构智能媒体生态，即信息突破局限，服务无处不达，价值无处不在。网络企业商业平台与主流媒体必须将融合转型推向智能媒体发展方向。一方面，国内网络巨头商业媒体平台不断创新以获取国际话语权；另一方面，主流媒体的智能化转型商业平台共同构建智能化发展格局。媒体融合的目标在于坚持一体化发展，构建"融为一体，合而为一"的全媒体传播格局。因此，在融合过程中不断优化媒体间协同合作，包括中央媒体与地方媒体、主流媒体与商业平台网络媒体，充分激发各类媒体的活力，发挥各方优势，实现"信息内容、技术应用、平台终端、管理手段的共融互通"，构建各类媒体共生共赢的深度融合体系。我国媒体智能化发展尚处于初级阶段，传统主流媒体经历了融合发展之后，开始视听转向，而视听媒体或通讯社在移动网络技术的推动下，运用 AI、区块链等高新技术，重塑流程建立智库，不仅推动媒体发展，自主研发智能化媒体技术，掌握技术与平台的主导权、主动权，增强核心竞争力，努力构建适应我国经济社会发展的新型媒体格局。

（二）主流媒体智能化建设创新发展路径

当前，我国媒体融合正在向纵深化发展，智能化是媒体融合发展的重要内容，尤其是视听媒体的发展，AI 技术被运用到视听产品生产传播各环节，数据采集、写作、播出机器人，智能采编、算法分发、智能媒资管理、智能营销、智能舆情监测与智能版权保护等新产品、新应用层出不穷。未来媒体行业的发展，很大程度上与 AI 技术的引入和应用关联在一起。

1. 智能平台的技术应用创新

建设智慧媒体平台成为主流媒体发展的一个重要方向，随着 AI 技术的发展，各类媒体的智能化融合发展初显规模。尤其是视听媒体，2018年，国家发布《关于促进智慧广电发展的指导意见》。此后以广电为主的视听媒体智能化发展步入快车道，2020 年国家实施"智慧广电"工程，建设智慧广电媒体、网络、公共服务、产业生态，加快行业优化升级。智慧广电是基于移动网络技术将单向度传输的有线电视网逐渐更新为双向互动的智能化广电，让广电和新媒体在渠道分发、内容制作、技术应用、平台架构、队伍建设和管理体制机制上融为一体。

创新垂直管理，小屏反哺大屏。在智能媒体迅速发展的时代，传统视听媒体可以立足既有平台与渠道，重构传播网络，再造视听服务与资讯产品市场运营的双轨格局。首先是凭借移动网络与超高速传播技术，建设"视听资讯 + 政务 + 服务"移动媒体平台，将平台功能与融媒体功能结合起来，实现"融资讯、融政务、融生活、融未来"。与各类融媒体中心及商业平台互联互通，在舆情分析、媒体监测和内容共享等方面实现对接，实现资源有效整合与共享，实现内容、技术、管理共融互通，推进区级融媒体中心建设提质增效，真正实现宣传阵地一张网、工作协同一盘棋、业务平台一体化。其次，以 AI/VR/VR/MR、超高清等技术创新为发展方向。用好云计算、大数据、物联网、IPv6、5G等新技术，探索移动网络优先发展模式，并积极应用探索优化、改进提升；与网络企业的技术公司深度合作，研发创新，拓展新的场景服务模式，既要有"点—线—面"的推进，也要有AI发展重点方向，探索建设"智能媒体"新路径。

整合资源资产，创新数据算法。以广电为主的视听媒体其智能化发展、其服务对象与范围并没有变化，但在业态、形式、内容、平台等方面有所不同。主要是其资源禀赋不同，既要将其传统的资源资产重新融合并实现全方位智能化，也要与新兴媒体进行资源共享、资源重组。内部资源整合方面，建立一体化一条龙的视听策划、采集、生产、发布等流程要用好存量资源，建设功能完备、效益突出的智能平台，也要做好资源增量工作，突出AI重点与受众主体多方面统筹发展；同时，还要处理好跨媒体、跨区域、跨行业的资源融合与利用，实现媒体资源互通共享。资源资产的融合中，要把数据作为重中之重，依据自身的传统优势，确定基于数据资源资产的自身算法，突出个性化发展。

创新服务场景与模式多样化发展。全媒体语境下，AI工具的应用、数据资产的累积以及算法的应用，让受众的画像与服务对象的画像容易而精准，那么受众的接受度与市场的认可度显得极为重要。因此，视听媒体所服务领域越多、受众越多就越具竞争力。用户即流量，流量即价值，而价值就是市场竞争的高地。网络企业商业平台与转型后的主流媒体将用户服务作为重点，以各种手段与技术创新、服务场景与服务体验，获得受众认可，并持续增强受众的黏性。在此基础上，以多样化方式实现流量变现与广告增值，这其中，既有免费的资讯服务，也有收费的深度资讯服务。将数据资产转换为数据资本，吸纳受众与广告商，实现多样化变现，以谋求新的发展。平台与受众也形成了互惠互利的交互关系，从而使得平台上的用户流量变现更易达成，进而深入探索与政务、商务、教育、医疗、旅游、金融、农业等相关行业合作与融合，从而在智能化的发展之路上越走越远。

2. 智能生产的人机协同重塑媒体内容生产流程

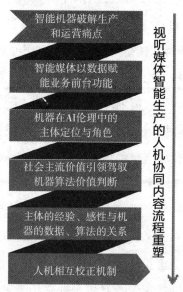

图7 视听媒体智能生产的人机协同内容流程重塑

互联网的发展已经由移动网络发展到智能网络时代。未来网络的发展和竞争就是对网络空间中的人、物、AI 及其价值的智能化整合。

在视听产品的生产环节，大量使用机器写作、移动 AI 编辑、可视化数据与 AI 主播等技术。这些智媒技术可将视听产品的生产者从高重复性的工作中解放出来，使其更加专注于创意策划环节，持续优化视听产品的生产制作流程，丰富了产品样态，优化了人机交互和用户体验。

国家级主流媒体与媒体技术公司对 AI 的运用一直处于领先地位。2019 年 12 月 12 日，新华社启用首个智能化编辑部。2017 年 6 月，新华智云科技公司推出国内首个媒体人工智能平台"媒体大脑"。用技术赋能内容行业，帮助内容生产者更好、更快地采集和处理视听、图片等各类资源。提升内容生产的效率、产量和质量，推动传统媒体与新兴媒体的深度融合，重新定义大数据时代内容生产者的核心竞争力。

　　视听产品"策采编审发传评管"全流程 AI 化。在媒体融合的背景下，智能媒体"机器生产内容"提升了视听产品的生产效率与产品质量。如在 2019 年杭州的云栖大会期间，"媒体大脑"3 天内对短视频资料进行自动拆条达 1148 条，最快耗时不到 60 秒。提供智能化的会议报道解决方案，将视频会议的镜头画面、同期声、领导讲话导入平台，就可自动生成人物集锦、会议集锦。通过 AI 人工智能的辅助，视频报道产品的时效性大大增强。策划环节，"媒体大脑"以突发识别机器人来高速处理灾害、交通拥堵、重大交通事故等突发事件。突发识别机器人旨在通过突发事件算法来自动识别突发视听产品，从而提高产品的时效性；采集环节，"媒体大脑"可快速定位涉黄、涉恐、涉政内容，包括敏感旗帜等，为内容生产提供安全监测，降低人工审核成本，提升审核效率。编辑环节，平台无数个智能模板、应用场景，只需上传素材，接下来一切交给机器，虚拟主播就可以 24 小时直播。不仅如此，AI 媒体机器人还可以通过机器深度学习和人机交互，实现更快捷、更灵活地选取素材、视频直播流进行快速加工、高效产出。

　　业务中台、技术中台、数据中台、AI 中台、移动中台赋能视听产品各环节业务。中台是一种体系、生态、方法论，有标准和机制，解决顶层领域下各业务子域的高效协同和资源复用问题。中台建设强调企业级，IT 部门与业务部门协同建设，各部门、各业务域是中台能力的使用方，同时也是中台能力的重要提供方。目前主流智能媒体的中台定义和分类有业务中台[①]、技

---

　　① 业务中台是指媒体的微服务业务平台，如媒体内容交易中台、媒体内容订阅中心、媒体营销中心等功能性平台。业务中台的核心是"构建媒体共享服务中心"。业务中台的过程是通过业务板块之间的链接和协同，持续提升业务创新效率，确保关键业务链路的稳定高效和经济性兼顾的思想体系，并突出组织和业务机制。

术中台①、数据中台②、AI中台③、移动中台④通过对媒体内部和外部的数据汇集，以视听媒体知识图谱为核心，利用AI手段挖掘数据价值，并为媒体各业务场景提供能力服务。中台对所有数据都会进行结构化、标签化处理和存储，实现智能媒资、智能推荐等各项业务功能。达到视听资源云端化、内容垂直化、服务场景化和产业智能化，而云平台的统一指挥和调度，避免重复建设，打造内容、用户、运营三者关联生态，实现收益共享。

机器在AI伦理中的主体定位及角色。人工智能在与人的交互中呈现拟主体性，无论是"自上而下"还是"自下而上"的构建方式。机器学习与接受的都是人的伦理观与价值观。人仍是机器算法与伦理的制定者，机器永远是服务于人类的。

主流价值驾驭机器价值。为提高生产，视听媒体的智能生产分发大多都借助机器现实，但也不能完全依赖机器。需要有主流价值的引领以及媒体人更多的参与到相应的算法设计中去。

主体的经验、感性与机器的数据、算法关系。数据分析与算法在某些方面突破人的经验性认识，纠正人的经验偏差。数据与算法需要在经验与程式化、感性与精准之间寻找平衡，必须有技术人员、内容生产者的协作。

人机相互校正机制。AI旨在增强人类智能而非替代人类，两者不可或缺。既要增强人机交互的透明性、可理解性和可追责性，纠正"黑

---

①　技术中台是构建在业务中台、数据中台之下，为后者提供通用技术能力支撑的平台。

②　数据中台是一个用技术连接大数据计算存储能力，用业务连接数据应用场景能力的平台。"连接能力"是数据中台的精髓。作为一个处在中间层的能力平台，"连接"是其根本任务。在业务层面需要尽可能连接各种数据源作为其生产资料。

③　AI中台提供模型设计训练、模型/算法库、复用标注管理、监控服务等一系列相关AI紧耦合的能力支持。AI中台从事的是学习预测的任务。为了确保AI中台中的所有模型和服务都能组合使用，AI中台需要为所有AI模型和服务能互通、互助、并行应用提供一些基础的支撑。AI中台不是孤立的平台，而是整体信息化建设的一部分，是与基础平台、业务系统的融合对接。

④　移动中台是指用于媒体的移动微服务的平台。

箱""黑洞",也要有效地消除人对人工智能的疑惧[①]。人机协同与交互应是"彼长此不消",人要更多地了解双方的优势与不足,才能在机器面前拥有更多的主动权。

表7 世界四大通讯社短视频智能效果比对(表格引自徐亚新《智媒时代短视频新闻视觉传播研究——以四家世界性通讯社为例》研究成果)

指标内容		新华社	美联社	法新社	路透社
内容呈现 传播力	媒体平台的更新量	日更新量主要集中在1—30条之间	日更新量主要集中在1—50条之间	日更新量主要集中在1—30条	日更新量主要集中在1—50条之间
	信息到达率	社会民生类新闻阅读量较高,其他类型的新闻阅读量较低	社会民生类新闻阅读量较高,其他类型的新闻阅读量较低	社会民生类新闻阅读量较高,其他类型的新闻阅读量较低	社会民生类新闻阅读量较高,其他类型的新闻阅读量较低
内容呈现 内容生产力	选题的内容	社会民生类、科技类新闻较多,科技类新闻主要以我国的科技水平的发展为主	社会民生类、娱乐类新闻较多,社会民生类新闻以爆发的群体性事件为主,娱乐类新闻多以群众的生活娱乐为主	社会民生类、娱乐类新闻较多,社会民生类新闻以爆发的群体性事件为主,娱乐类新闻多以群众的生活娱乐为主	社会民生类、娱乐类新闻较多,社会民生类新闻以爆发的群体性事件为主
内容呈现 内容生产力	选题新颖性	注重专业性创新	注重内容性创新	注重受众话题性创新	注重话题创新
	选题导向性	选题注重反映新闻事件的真相	选题注重反映新闻事件的真相	选题注重反映新闻事件的真相	选题注重反映新闻事件的真相
	结构剪辑	结构严谨,剪辑流畅	结构严谨,剪辑流畅	结构严谨,剪辑流畅	结构严谨,剪辑流畅
	内容原创性	原创性高且专业性强	原创性较高	原创性较高	内容原创性较高
	内容贴切度	关注当下热点与民生关切	关注当下热点与吸睛点	关注当下热点	
	内容多样性	以文字、图片、视频等多种形式传播			
表现形式	流畅度	新闻播放流畅			
	清晰度	新闻播放画面清晰			
	呈现形式	呈现形式多元化			

---

① 段伟文.人工智能时代的价值审度与伦理调适 [J].中国人民大学学报,2017(6):98-108.

续表

	指标内容		新华社	美联社	法新社	路透社
视听语言表达	语言	人物表达	语言流畅、通俗易懂			
		自然声音	现场新闻报道多用自然声			
		画外声音	画外音多用旁白形式			
		音乐音响	多用于娱乐类新闻中，起到渲染气氛的作用			
	场景设计	场景结构	自由选择，不受约束			
		光线运用	场景的光线运用自然			
		场景画面	场景画面层次丰富，细节较为全面			
	画面设计	构图	画面构成合理			
		空间感	画面空间感较强			
		光影效果	画面光影效果好			
		画面色彩	色彩搭配自然，让人感觉舒服			
		画面运动	画面中物体运动连贯			
视觉偏好	视觉刺激	创意与美感	富有创意和美感			
		用户好奇心	能引起用户的好奇心			
		用户联想	能使用户产生联想			
视觉偏好	视觉传播效果	播放量	播放量高的新闻较少，总的新闻数量为264条，位于四大通讯社之首	播放量高的新闻较少，新闻总数为69条，位于四大通讯社最末	播放量高的新闻少，新闻总数为110条，四大通讯社居第二	播放量高的新闻较少，新闻总数量为110条，位于四大通讯社第三
		点赞量	阅读量高的新闻，其点赞量也较多			
		批评量	阅读量和点赞量高的新闻，其批评量也相对较多			
		评论量	评论量较多	评论量少，涉及敏感话题的新闻评论被关闭	评论量较多	
		回复量	有，因内容不同有差异	回复量几乎没有		

（三）传媒智能化与智能传媒

近几年，传媒智能化发展趋势极为明显并呈现加速趋势。

用户行为的互联网智能化、核心内容生产智能化、平台智能化等趋势正不断推进着传媒的智能化发展。传媒智能化的结果是逐步生成新的智能传媒；智能传媒是一种人工智能与人类智能协同的在线社会信息传播系统。这种新型的智能传媒系统将呈现出社会信息流、自由传播和分享、全息传播、"屏读"的崛起、"提、问"的价值凸显、高智慧与高智能的平衡等全新特质。

1. 传媒的智能化及其发展依据

传媒的智能化是指传媒体系按照网络思维与连接，发展成为 AI 传播系统，包括网络、内容生产、平台与渠道智能化等内容，是网络智能化的组成部分，在人机交互过程中，传统系统渐次具备类似于人类的学习和理解事物、处理问题并作出判断及找到对策的能力。

受众行为的网络数据化。受众行为的网络化，其实是受众网络画像的进一步拓展，即受众在网络或平台上的搜索、娱乐、内容生产与消费的数据化。随着智能手机的普及和技术进步，受众数据也不断丰富完善。受众无论是在 PC 端还在移动端或其他端口，根据网络与平台的技术赋权，进行多样性选择，既可以生产内容，也可以消费内容，受众据其拥有的多种设备、多种场景进行人机、人人交互，智能化生活成为其初始生活方式；同时，手环、智能眼镜、智能头盔等可穿戴设备将成为其日常生活的标配，而这些都可以数据化并成为平台或是媒体的数据库的基础数据，平台或媒体对数据与算法进行二次分析与开发，进一步拓展受众行为的网络数据化。

内容生产智能化。传媒核心内容生产的智能化有三点发展最为迅猛：首先是机器资讯快速发展。机器资讯是指运用算法对输入或搜集的数据自动进行加工处理，依靠计算机程序自动生成完整的图文视频资讯。当前，AI 技术已经融合渗透到国际国内通讯社与商业平台的视听传播领域，国内一些核心内容生产的创新型生产机构，正不断导入机器资讯。2015 年 9 月，腾讯发布中国首条"机器根据算法生成的稿件"，此后，主流媒体也相继推出自动写稿件制作机器人。其次是智能传感器成为视听产品的重要来源和中介者、发布者，智能终端成为视听产品传播的最重要载体和获取手段。各商业平台自主研发的生物传感器采集用户体验信号，转化为数据后通过多种算法完成分析、报道、交互等工作，并根据用户需求生成各种产品。再次是 VR/AR/MR 技术进入视听产品生产领域，正在成为用户端增强互动体验的"利器"。尤其是谷歌、脸书

等网络巨头商业纷纷布局该领域。

平台渠道的传播智能化。网络企业商业平台的资讯传播也在不断智能化。2012 年推出的今日头条，是一个典型的智能化资讯传播平台。基于数据挖掘的推荐引擎产品，它为用户推荐有价值的、个性化的资讯，成为目前国内成长迅猛的智能资讯平台，其核心技术就是"算法"，主要体现在社交和用户行为分析、语言处理和图像识别、机器学习、海量数据处理、精准人群定位传播等五方面的核心技术。这是主流媒体之外一种新的智能传播系统，算法技术是目前国内外网络平台智能化演化发展的基础技术之一。BAT 等网络企业相继以自己的"算法"改造自身的客户端，打造新的智能化资讯聚合平台，为受众提供视听、图文产品。

传媒智能化发展既是传媒产业自身数字化、智能化演进的结果，又是网络企业商业平台向泛在智能网发展的重要方面。因此，中国传媒产业数字化、智能化演进的逻辑与互联网的泛在智能发展，构成传媒智能化发展的内在依据。

媒体从"主导"到"支配"的智能化路径。传统媒体融合转化之后，开始建立新型主流媒体，以主流价值引导算法，与网络企业抢占网络话语权，主流媒体与商业平台在资讯传播上"共生共存"，从 1987 年到 2004 年，其间，网络从无到有，从小到大，受众话语权从弱到强，媒体遭遇了"去中心化"与"再中心化"。受众与流量成为两者竞争的重点，并且核心技术的竞争成为双方发展的焦点。而移动网络技术的发展又一次重新配置资源，并发展成为一种新的经营运行模式，媒体产业版图被彻底改写，不得不运用网络与平台的运营模式吸纳受众，重构再造媒体自身，与其他行业一起推动人类社会不断走向大互联时代和智能传播时代。技术的竞争就是产业发展的竞争，旧产业模式日渐脆弱，新产业模式逐步颠覆旧产业模式，最终取得支配地位。在两者的博弈过程中，网络企业商业平台爆发的蓬勃生命力，并渐渐占据了"支配"地位。受众用移动网络终端消费视听资讯与产品。两者的竞争由数字化竞争转向智能化竞争。

网络平台向泛在智能网发展。当前，互联网、物联网、人联网融合形成"泛在网络"①。社会发展由'E'（electronic）时代，加速过渡到'U'（ubiquitous）时代，标志就是网络的智能化，而网络平台则从广域化、智能化维度向新的泛在智能网发展，并且不断加速。产业网、人际网、物联网、内容网、智能电网、资源网等网络与互联网全面连接，贯通人物、人机、人人世界，形成无所不在、无所不包、无所不能的泛在网络。网络的智能化又分为弱 AI（单方面人工智能）、强 AI（综合人工智能）、超 AI（在各个领域都能应用的人工智能）三类，具体体现在硬件、软件智能化和网络大脑化三方面，尤以网络大脑化是"人工仿脑"的升级。网络企业通过神经元网络，联网学习。向着与人类大脑高度相似的方向进化，让网络具备自己的视觉、听觉、触觉、运动神经系统，拥有自己的记忆神经系统、中枢神经系统、自主神经系统。当前无论是 BAT，还是谷歌、IBM、微软、Facebook、苹果等都已完成了神经网络的布局。根据摩尔定律，每 18 个月，在价格不变的基础单个集成电路上集成晶体管的数量会翻一番。这表明全球网络的计算能力每一年半左右就翻一倍。与此同时，各类新材料、新技术还在不断推动计算、通信等产业加速智能进化。

2. 智能传媒及其特质

传媒智能化的结果是逐步形成新的智能传媒。智能传媒是一种人工智能与人类智能协同的在线社会信息传播系统。从目前传媒资源重组的走向来看，传媒的智能化将达到传播介质的界限完全消失，达到视频、音频、图像、文字等不同产品以数据信息流的形态在可穿戴设备、云终端、网站及相关社交媒介的自由匹配与分享，以提供个性化、场景化、定制化的内容、社交、关系服务。进入到这样的程度，就可能生成新型

---

① 泛在网络来源于拉丁语 Ubiquitous，意指广泛存在的、无所不在的网络。是指人置身于无所不在的网络之中，实现人在任何时间、地点，使用任何网络与任何人与物的信息交换，基于个人和社会的需求，利用现有网络技术和新的网络技术，为个人和社会提供泛在的、无所不含的信息服务和应用。

的智能传媒系统。

数据资讯流。网络时代，一切都可以数字化、数据化，这些数据从来不是专属，而是具有公众与网络交互性的。受众获取资讯，商业平台获取数据，两者交互形成商业性的需求消费网。主流媒体与网络企业、商业平台凭借其各自优势，在用户需要、接触终端、算法推荐之间自由匹配之中，运用数据与算法进行排列组合，寻找自己最佳的数据资讯流传播渠道与路径，这些数据资讯，并不是固态的，而是流动变化的。智能媒体的产品数据流与资讯流，包括微信等各类新媒体数据资讯流，还有受众内容与服务数据流，以及产品数据资讯流等。主流媒体与商业对于这些数据的分析与处置及分发方式不同，才能在各类智能终端上无障碍地实现人机互动。

人机互动与共享。网络信息时代"万物皆媒"，受众的视听产品消费需求也不断地变化与升级，受众可以在任何时空、任何界面、节点，生产和消费视听产品，实现人机的交互与资讯产品的共享。媒体则利用自己的平台渠道与传播方式全方位、全时段、全场景、全形态满足受众的消费需要。并且随着视听高新技术的发展，人机交互与共享越来越智能化，个性化资讯消费需求将得到多样化的满足，人机互动的形式也从文字、语音交互向影像、视听交互过渡升级。

全息全态视听。全息技术是与 VR/AR/MR 技术同时推出的视听新应用，是用技术形式还原事件原本状态与过程。其采集、加工与传送已成熟并成功实现了商业化运用，把传播的交互与体验推向一个新高度。但全息技术也只是一项技术，该技术与 AR/VR/MR 技术的渗透融合，也混淆了现实与虚拟的关系，颠覆了传播的传统理念。全态则是以人为本，贴合人的各类状态进行传播，既实现人的状态的"高保真"，也从各个维度把人全面数字化、数据化并存储存于网络中，应用于各类算法中，从多层面、多维度揭示人与社会的"实然状态"和真相维度。

消费体验拓展。目前主要以"屏读"形式表现出来。受众不再局限于视觉观看，还可以扩展到听屏消费。媒体与网络企业商业平台以 NLP 新技术让屏幕内容自适应的方式"读"给受众，同时，仍可沿用传统视觉屏幕消费形式进行视觉产品消费。既保持"眼见为实"的固化、精确、权威的屏幕阅读，也让受众有了自主选择的可能，朝着更加灵活自由的形势变化。屏幕总是在不断地变动，当前移动手机屏、电视屏、电脑屏等形式，都有其共同点：一是屏幕的形式的动态化；二是屏幕语言化，现代技术把一切内容都可以用屏幕来呈现，无论是抽象的概念、理念，还是具象的场景，都可以用屏幕表现与记录并且数据，人机的交互，就是人与屏幕的交互，消费体验借此升级拓展。因此，也有人把智能信息时代用屏幕时代来代替，虽有点以偏概全，但归纳出了屏读的时代特点。

交互的理念与价值。移动网络让人人交互、人机交互、网络交互变得简洁便利，尤其是人人交互可以实现跨时空无障碍沟通。人联网与物联网的交互更是千丝万缕，无所不包，机器学习与数据算法解决了阻碍的诸多问题。人人相互尊重个体的独特性，可以用付费"问答"形式进行，当下，这种方式已成为人机交互的一种主要方式。这种形式不仅能够获得优质的知识产品数据，而且可以成为媒体或商业平台机器学习的内容范本，拓展资讯共享与交流的新领域。

智慧与智能的均衡。智能是一种技术性的工具能力，通过技术仿生感知与认知，按照人的搜集、处理和分析能力，让机器实现人类功能。因此当前的 AI 多是以智能化系统 + 人类分析员等虚拟形式或其他网络自组织形式构成。智慧是人所独有的综合禀赋，是智能化下一步发展方向。智能化发展，无论怎么升级迭代，都要以"人"为本。未来社会的各类数据，既有来自人自身的，也有来自智能工具与网络的；网络的视觉、听觉、触觉、运动神经系统等智能工具或是设备，既要有智能的处理工具与处理手段，更要人的价值主导，因此智慧与智能的均衡将是智能媒体在广域网络空间中的人与人、人与物、物与物实现其价值匹配与功能整合的高度智能化发展的必然条件。

第 二 章
智能视听媒体的价值引领与伦理建构

媒体的智能化方向更迭为受众价值观认同的建构带来了全新场景。作为一种新兴的传播权利，受众价值观认同的建构在智能媒体的冲击下正面临一系列挑战：迎合性算法推荐造成主体理性的被消解，"去权威性"传播导向带来价值判断取向迷茫，数字化"全景监狱"引发价值选择的疑虑心态，隐匿化网络圈群造成价值认同的心理盲从。为此，必须通过智能算法矫正与伦理道德约束的双向共进、智能媒体素养培育与价值引导优化的内外融合、强化平台监管与加大优质供给的刚柔并济等措施为受众价值观认同构建营造积极健康、和谐有序的智能媒体空间。

一、智能媒体核心价值观的传播、认同与建构

（一）核心价值观的传播与认同

图 8　主体核心价值观的认同机制

价值认同是一种心理持续深化的动态过程，从认知角度分析，是从感性感知到理性接收到价值内化再到行为外化的认知过程。从宏观整体层面看，价值认同的过程一般会经历"动之以情""晓之以理"到"导之以行"和"持之以恒"的过程，从价值认同的原点、生成的关键点、形成的基点到维持和发展的核心点，构成受众价值认同生成的内在逻辑。

1. 情感的释放与满足是价值认同的原点

价值认同就其本质是一种心理活动，反映主客之间的情感态度体验，是"价值观"与主体对象理念"认同"的关联。"动之以情"是对某种价值观的认同，也是从价值情感的释放和满足的态度体验中萌发并构成认同过程。一方面，情感需要是人内在的感性存在，是人感知和认识事物的起点，感性层面的情感释放与满足是人的本性需求；另一方面，认同是一种特殊的情感转化的心理行为，只有触发认同主体感性情感才能进一步引发主体对价值和意义的思考，才能由感性的情感认同上升为理性的意义认同。情感与价值需要的满足是认同生成的原初动力，受众价值认同的生成正是在情感与价值这一需求基础上的，通过"释放""满足"等心理体验促成对某种价值的情感转化，由此生成对某种具体价值的情感认同。

图 9　核心价值的传播与认同机制

2. 价值理念的共鸣与内化是认同生成的关键点

对社会价值的情感认同，初期是从认知感性层面的浅层认同开始的，具有感官性、突发性和不稳定性等特征。"晓之以理"则一种经过持续沉淀思索后的理念认同，是受众认知从感性感知向理性转化的内化升级。人的需求与欲望与其自身利益密切关联，"'思想'一旦离开'利益'，就一定会使自己出丑"[①]。对社会价值的认同也遵循这一理论。其根本原因是对价值观背后承载的利益与价值理念的认同。从认知与人的需求层面分析，情感共鸣是情感认同的深化，是受众出于情感共鸣与共同利益而形成的共同的价值理念；内化则是以情感共鸣和价值认同为基础，是主体的价值观与被受众认同的价值观间的融合，进而升华为主体的人格力量。受众只有对某一具体价值观所传导的价值理念产生深刻的共鸣，才能在情感需要与价值理性的持续性磨合运动中促成精神的内化，进而真正生成一种更为深刻和坚定的认同感。

3. 智能媒体价值认可的基点与核心点

情感价值行为的外化与引领是价值认同形成的基点。情感价值的认同是要通过受众的实际行动来体现的，从而引领受众的自觉精神与自我

---

① 马克思恩格斯文集：第 1 卷 [M].北京：人民出版社，2009：209-210，286，545.

意识。理论源于实践，价值认同离不开受众行为的实践，否则就只是粗浅抽象的感性认知，并不能实现受众对行动的自觉性引领。"一种价值观要真正发挥作用，必须融入社会生活，让人们在实践中感知它、领悟它。"[①]行动外化与引导既是衡量价值认同实现的尺度，也是检验价值认同实现的标准。受众价值认同的形成只有通过具体的价值实践活动来增进参与感和体验感，才能让认同真正深入内化和落到实处，最终"统合和凝结认知认同、情感认同、意志认同的成果，同时成为进一步推进认同转化的起点"。

圈层受众价值的校正与调和是认同维持和发展的核心点。圈层价值观的冲突是圈层受众多元价值交互融合过程中的一种常态，圈层受众选择一个圈层的价值认可也就意味着放弃另一个圈层的价值认同。圈层内部的受众也存在认可的价值其层级与细节的分歧与冲突，这就需要校正与调和圈层内部的价值分歧，从而让圈层内部的受众趋向于多元化需求下的价值认可，价值认同并不是一成不变的，它需要外部的持续性引导来加以维持。价值冲突的核心是不同价值利益立场的冲突，主流价值的核心地位正是在各种价值冲突中不断突显的，冲突更能引导和强化受众正确价值观的认同感，并不断增强认同的稳定性和持久性。同时，价值认同是变化发展的，价值冲突的过程就是价值认同发展和深化的过程；同时，价值冲突的纠偏与调和又将进一步增强受众对某种价值观的认同感。

45

---

① 习近平谈治国理政：第 1 卷 [M]. 北京：外文出版社，2018：165.

表 7 AI 应用引发的伦理问题及治理措施

存在的问题	内涵	现象	影响	解决路径
非真实	AI 在传播中的多维嵌入影响产品的真实性；制造虚拟情境影响受众体验	数据错误、不完整等问题导致产品的深度伪造，其影响力，传播力导致的问题更大，加速了假产品传播	社交机器人活跃程度高于人类用户；深度伪造产品降低了人际信任，导致普遍的不确定性和犬儒主义	注重社会核心价值引领，用主流价值驾驭算法与传播，运用流程与制度解决，其后用新技术解决
偏见和歧视	算法偏差、算法偏见以获利或无意识形态存在于产品传播全周期中，导致产品消费偏向	算法偏见存在于算法设计与实现、数据收集与处理、实结果呈现等环节；实质上是由社会、人类、机器和数据偏见等要素构成的	算法的排序、分类、关联、筛选产生了机器偏见，挑战了用户的知情权和信息选择权，可能解构社会共识，引发舆论风险	提升算法利用数据的多元化和包容性往往被认为是避免算法偏见和歧视的重要方式
低透明度	低透明度，包括限制欺骗和错误信息内容；人机混合体的复杂性构成了算法黑箱以及使用者被数据化	多维度的数据、复杂的代码和可变的决策逻辑等因素导致算法自动化决策本身缺乏可解释性	AI 与算法和人类的作用交叠互构导致算法自动化决策本身缺乏可解释性；使平台的实践面临诸多障碍	运用可信度、偏见、公共利益、最小伤害、用户体验标准进行治理；涉及数据、模型、推断和界面等
信息隐私与保护	维护个人的私生活安宁、个人私密不被公开、个人私生活自主决定等；对个人信息的支配和自主决定	人工智能系统的复杂运作以及其自动化决策的不透明，让用户难以实现相应的知情决策权；用户难以控制被收集数据	移动 App 在隐私保护政策制定和实施方面存在霸王条款、缺乏协商机制、效果不够理想等问题	规范算法，通过数据进行画像、归纳个体信息；从法律和伦理规范、"信息透明""理念透明"和"程序透明"层面解决
个体自主损害	数据抓取、处理和推断，可获取人类无法获得的知识相关性；用户不能自主表达并决定自己的阅读兴趣；长期接触同质化信息会减少用户接触信息的多样性	AI 提升了传播的速度、规模、准确性和个性化；起到了额外的、补充性的和催化性作用；也导致用户在"认知—态度—行动"链条的各个环节上缺乏实质自主	AI 损害了媒体从业人员和用户的自主权；信息控制权掌握在几个技术寡头手里；算法推荐类 App 的使用总体上对用户意见表达和社会参与的正向效应殊为显著	规范信息伦理、网络伦理、机器或机器人伦理和计算机伦理，持续用新的 AI 技术与社会主流价值引导引领解决一系列相关问题

（二）遭遇的冲击与加速重构

数字与 AI 技术深刻地改变了媒体，媒体伦理关系中的主体与受众关系发生了变化，为了适应数字时代的变化，开放的媒介伦理观、全球化媒介伦理观是对传统媒介伦理的突破，关怀伦理、技术伦理逐渐应用于智能媒体中。

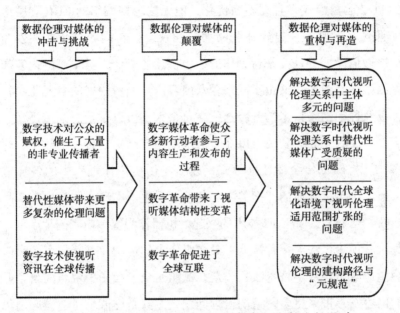

图 10　移动网络时代数据伦理对媒体的影响与再造

1. 智能媒体催生智能内容生产伦理范式

数字内容的生产源于 20 世纪 90 年代的网络浏览技术支撑，其技术变革核心是基于通信技术（CT）从模拟转向数字技术与新一代网络技术。数字化技术主要包括数据技术、智能技术和移动技术三大块，同时把 IT/CT/OT 技术融于一体实现内容的交互发布传播。智能媒体的发展历经了 20 多年的实践与发展，历经了三大阶段：首先是"网络化"，也即媒体通过数字技术接入网络，实现了信息与信息的连接；其后是"数据化"，也即媒体通过数据库建设不断丰富内容；再者是"云端化"，也即媒体"数据云"与"开源"技术，打开数据的接入和输出以实现数据的共享，并从共享中迅速增加数据的容量和链接。数字内容生产也引发一系列伦理问题，如数字化带来的速度、创新、复杂性、社交性、连通性、可存储性、可搜索性等问题，这些问题导致内容生产的"质"的变化。

智能媒体运用数字化技术扩大了 OGC、UGC 队伍。传统媒体上网后的 PGC 运营模式一直在不断优化，但无法阻挡网络的 UGC 和网络的 OGC 队伍，尤其是"自媒体"的大量涌现，参与内容的生产、发布，再加之微信微博等社交平台创作的内容，让非专业人员生产的内容产品在网络中深层渗透，又由于网络受众内容产品消费模式的多元化与社会化，以及移动网络技术的升级迭代，每个人都可以是信息的传播者、接受者，或二者兼之。公民可以在合法范围内自己决定传播的频率、内容的多少，打破了传统的传播模式，改变了传统传播过程中的各环节特征，颠覆了传统媒体的"把关人"角色，弱化了主流媒体对内容产品的话语权。当下，又由于 AI 技术的兴起，机器作为媒体内容的生产者，推荐算法、预测算法等多种智能工具在媒体中的运用，不断扩大了媒体的内容生产队伍。数字技术赋权公众，赋能受众。社交平台与网络企业商业的内容发布带来更多复杂的伦理问题，尤其是虚假信息、偏向信息、不准确信息和错误信息，致使智能媒体必须面临新的问题，即事实核实与验证。

智能媒体改变了内容生产的基础结构性。媒体从传统媒体到融媒体再到全媒体最后到智能媒体，媒体格局最大的变化就是话语权的改变。社交平台与自媒体暂时性替代传统媒体，其用数字技术打造的平台型、终端型媒体并不生产内容，只是内容的发布平台。移动网络时代，媒体内容的生产与发布、消费已经全球化，其内容的影响也超越了国界。智能媒体对传统媒体的伦理挑战主要是表现在内容的伦理关系中的主体、客体及其相互关系三方面都发生了变化。传统的责任、自由、真实、客观、平等等话语伦理虽没有颠覆，但却受到了质疑，并在不同文化语境下有着不同的解读。

2. 智能媒体内容伦理的建构与规范

媒体伦理与媒介伦理是智能媒体专业性的重要元素标志，包括专业媒体、专业采编行业的确定和专业媒体教育。智能传播沿袭遵循着传统媒体的伦理规范与基本原则、业务规范等，传媒媒体的守则、准则，仍需智能媒体以自律的形式规范内容的生产与传播发布。智能媒体如何构建其内容生产伦理，如何处理与传统媒体的内容生产伦理关系，涉及的不仅是 AI 技术与移动网络支撑了，而是 AI 技术支撑下整合传统媒体内容生产伦理是否适合智能媒体，既共享传统媒体内容生产的规范和原则，又可以从网络与数字技术角度建构智能媒体的伦理框架。AI 时代，媒体内容纷繁多元，来源错综复杂，智能媒体重新定义一种"元规范"伦理理论并不现实，而是要在现有基础上实践建构。

（三）智能媒体时代价值认同建构

智能媒体时代，一切价值倾向与价值要素都会被智能媒体内在逻辑所塑造，这种价值渗透于日常智能媒体的应用情境中，受众价值被智能媒体的传播效应扰乱，给受众价值认同建构带来风险挑战。

1. 算法推荐消解了受众价值认知理性

智能媒体个性化信息推送机制最大的特征就是个性化推送，基于大数据的算法去最大程度迎合和满足受众的个性，其算法逻辑是基于用户的网络行为偏好，用媒体的内容产品让受众"沉浸"在产品消费中并"成瘾"。受众习惯于这种定向化的内容推送后，就会形成"信息茧房""过滤气泡""回音室"等负效应的圈层，受众原有的理性反思与批判能力也会在这种推送中消磨殆尽。另一方面，受众也是智能媒体算法推送的"迎合者"，并成为智能媒体的"软性奴役"，并对智能媒体产生严重的依赖性，在算法与推送的双重圈层中，受众逐渐迷失自我并产生反理性情绪，自律性和目的性相继下降，其价值理性就被工具理性所取代。

AI传播导向造成受众价值取向迷茫。在智能媒体空间"去权威性""去中心化"与"再中心化"的交织影响下，媒体内容传播越来越突显"去权威化""去中心化"，社会主流价值观的权威性不断被解构，带来受众价值判断的取向迷茫。智能媒体AI分发内容的真实性、权威性等属性是基于资本逻辑的，必须遵循资本逐利的本性，通过算法找到受众容易受影响愿接受的内容推送，而哪些权威性的、真正让受众受益的主流意识形态内容却容易被边缘化，缺乏权威性的价值引导让受众在智能媒体信息洪流中容易出现方向感的迷失。

智能媒体强化了网络的"去中心化"导向。移动网络时代，各种价值观点都能借助智能媒体中进行表达与传播并变得随意，受众的内容产品消费也更为碎片化，一切理性与严肃性的主题都呈现泛娱乐化特征，受众在这种缺乏责任意识和逻辑理性的话语影响下，很容易陷入反崇高和价值虚无的荒芜境地，难以形成坚定的价值观认同。

智能媒体加速了网络空间"再中心化"趋势。基于AI算法包括各种KOL的交互作用下，围绕算法与AI推送形成的圈层与新的意见领袖的认知引领，形成"再中心化"。对于受众而言，智能媒体看似"百花齐放"、公平公正、话语平等，其核心都是网络企业商业平台的算法在传导价值，传统意义上中心的权威不断被分散和弱化，受众价值观很容易受这种"再中心化"塑造，甚至出现与主流价值观发生冲突而造成自身的迷茫。

2. "全景监狱"与隐匿化圈层对智能媒体逆向助推

"全景监狱"引发受众价值选择的疑虑心态。"全景监狱"是法国哲学家福柯在"全景敞视主义"理论基础上提出的观点，认为信息的不对称更有利于社会管理者实现低成本和高效率的社会管理。这特别类似古罗马人金字塔式的监狱，监狱顶层的监督者能看到所有囚禁者，而囚禁者则无法看到监督者，双方无法沟通。智能媒体空间就像是媒体中的

"全景监狱"，通过 AI 算法等特定权力控制内容产品的意识形态与价值观，用不断升级的技术控制受众的价值判断和价值选择，智能媒体平台的数据收集与应用让用户的行为时刻处于被监视状态，智能媒体空间的匿名性和随意性对受众价值情感的真实表达形成限制，受众惧怕智能媒体监视控制个人自由无法真实地表达自己，也会进一步加剧受众对内容产品的真实性、客观性的怀疑。理性正确的价值选择是价值观认同生成的关键点，自由透明开放的表达空间是促使受众袒露真实价值情感的重要因素。由智能媒体所构筑的令人无法摆脱的数字化"全景监狱"，让处于被监视、被支配状态下的受众群体很容易陷入价值选择的矛盾状态。

隐匿化圈层加剧受众的价值认知盲从。AI 技术与移动网络技术升级，受众在亲缘、地缘、业缘、趣缘等圈层的推动下，其社会关系从传统社会关系向网络社会关系转型，聚合成基于网络的网络圈群。但随着智能媒体的发展，受众的圈层的兴趣爱好、文化观念、价值倾向等个性化要素全部在 AI 与算法控制下，融合重组形成隐性的"个性共同体"，并日渐走向隐匿化。隐匿化网络圈群的封闭性与排他性同时也造成了受众价值认同上的盲从。随着技术的发展，AI 赋能与技术赋权不断加剧圈群的封闭化与价值固化，受众更倾向于接受和依附于群内与自己原本偏好接近的"群内主流声音"；同时，圈群的排他性、智能媒体空间沉浸式信息体验模式以及"定制化"的内容推送，智能媒体极大地满足了当代受众，受众在价值观认同上很容易由此走向盲目的从众性。

3. 智能媒体的价值引领与伦理问题的解决路径

表 8　智能视听媒体的价值引领与伦理问题及其解决办法

问题现象	传统媒体的治理规范	当前网络与受众表象	解决办法
媒体的伦理与价值问题	党办媒体，以主流价值观驾驭引领媒体伦理与价值观	移动网络的普及，大众具有广泛话语权	用社会主义核心价值观引领与驾驭媒体的伦理与价值

问题现象	传统媒体的治理规范	当前网络与受众表象	解决办法
算法＋视频、算力＋数据规模化突出；算法操纵意识形态陷阱、流量诱发竞逐异化、算法审核缺陷触发分配失控	不存在此类问题，也无此类现象，无须治理	AI与媒体高新技术对视听产品的生产及媒体机构影响大；算法容易产生一种遮蔽乃至影响意义与情感流通的"机器无意识"	媒体需要提升自身思维、观念和能力，将自身的组织和体制价值融入技术进步中，担当技术的价值引领者
人文伦理、社会主义核心价值观冲突	突出社会主义核心价值观，突出主旋律	去中心化与再中心化明显，信仰与价值观不明显	用主流价值、社会公序良俗、社会伦理、行业规范引导算法
后真相时代的资讯异化	用专业主义职业化方式，用三审三校等流程把关审核	人人皆媒体的时代，资讯的权威与中心缺少公信力	运用AI等技术进行核查与纠正，强调主流价值的引领
数据安全、算法转向与算法滥用	不存在此类问题	商业平台与新媒体出于经济利益与商业目标滥用	维护公平，媒介技术均衡分配，用法规与行业规范约束
人机交互与机器裹挟	传统媒体不存在此类现象与问题，	网络的普及与智能技术的广泛应用导致人被机器控制、主导的现象越来越明显	以人为本守住伦理底线；平台的AI应用要从自律与法律层面明确其媒体责任，并通过国家法律与行业自律实现媒体责任的多元共治
信息茧房与回声室效应	有此类现象，但范围小、影响弱	大数据、AI能理解并顺应人的行为，不能完全读懂人性。处于人的低层次需求算法上	提高制定算法规则的人的素养，或从商业角度规范约束
算法作为底层逻辑的机遇与风险；算法黑箱与人为治理	党报党刊的属性决定媒体为公众服务的性质	商业平台出于流量与吸引用户的目标的手法较多	用行业规范与相关法规进行约束治理
信息鸿沟与智能鸿沟	信息鸿沟一直存在，但因影响力与范围有限，影响有限，智能鸿沟不存在	机器、算法、数据、传感器等成为智媒时代的核心资源，资源配置不均衡	应用新的社会权力约束制约拥有数字资源霸权的机构或个人，对权力进行制衡
数字异化与网络对抗	受条件制约，不存在此类现象	"把关人"的权利被让渡给算法工程师，平台在吸引和争夺用户的同时也影响了信息流动和价值观传递	配置国家和社会与网络巨头之间的利益与话语权，在全球平台治理的层面上展开更多的国际协商与合作
人机连接、协同、共生、互动与人际隔离	人与传统媒体具有此类问题与现象，但影响不大	人机关系体现在算法设计与实现、数据收集、处理、结果呈现五方面，容易造成系统化、程式化、制度化的偏见与隔离	下放"话语权"给广大受众，用公序良俗、社会伦理、主流价值引导算法与算法主导机构

续表

问题现象	传统媒体的治理规范	当前网络与受众表象	解决办法
聊天机器人的"数字幽魂"	传统媒体不存在此类现象，网络媒体较为明显，移动网络时代影响极为突出	个人信息场景化传播中存在"知情同意"缺陷、用必要和最小化原则难落实、商业使用与家族式流通等问题易造成隐私数据泄露及个人信息滥用	健全法制，明确责任主体；自主选择，避免机器存在人的权威与偏见歧视
人的遗忘权、隐身权、隐私权	传统媒体的话语权与选择性，专业人员的发现权	人在被全面数据化、可跟踪化，隐私泄露与侵犯在随时随地发生	用主体自律与法律法规约束治理
智能技术与人文的纠缠	传统媒体不存在此类现象，人文伦理易受媒体权威的影响与引导	用户生物特征数据、情绪数据与地理位置数据等重要个人隐私内容的泄露与滥用，过度侵犯用户实体生活空间	自律与法律两个层面明确平台的媒体责任并通过国家法律法治与平台行业自律实现平台媒体责任的多元共治
数字化"全景监禁"	数字化体现从产品设计开发到运营、生产直至用户消费，全链条上下游不同角色的人群都受数字技术伦理的约束	人的认知、判断与决策会受制于平台算法、歧视及其他禁锢。数字平台的算法控制着劳动者隐性，算法、大数据及AI技术强化对人的监控	关注算法应用的具体场景，以及用户与算法之间的关系，倡导用户在算法社会中行使监督与质疑的权利，提升智能传播背景下的"算法"素养
非真实与虚拟现实	只存在文学与哲学层面，主要在文字描述中，作为一种文学表现手段	VR/AR/MR的大量涌现，创造了一种与现实世界关联度更高的全新的"虚拟世界"，且无法区分	很长一段时间难以彻底区分与界定，目前正探索以高新技术解决技术问题
传播者偏见与歧视	在一定范围内存在且具备一定的影响力	商业平台与网络巨头的垄断行为加剧了这一现象	秉持价值理性与工具理性的协同平衡，将人文主义作为价值观的底线和核心，才能维护人类社会的可持续性发展
视听产品的低透明度	眼见为实，形式的客观与内容的主观性导致产品内容的低透明度	基于用户使用场景的智能视听产品传播在捕捉用户所处场景与形象分析时，带有极强的个人主观性	规范的场景化监督体系和量化智能场景安全维护系统，进一步强化用户感知，提高用户对个人信息理解的完整性控制
机器伦理与算法伦理	不存在此类现象	机器学习与大数据推动机器与算法具备伦理、情感、思考；其背后责任主体仍是人类，导致人被机器与算法异化	机器的力量在于更好地连接人与人，汇聚人的智慧，拓展人的能力。这取决于人对自我及机器的认知能力

53

AI技术无论怎么智能，媒体始终需要基于人文关照的主流价值引领。技术的博弈与人机的对话只是技术表象，问题的解决只能在现实实践中探寻解决的路径，以新技术解决旧技术的问题是一种方法，但核心价值是始终不变化。媒体智能化的过程，也是解决问题寻求答案的过程。

二、智能媒体时代受众价值认同的建构路径

（一）技术约束：智能算法的矫正与核心价值引领

　　智能算法为媒体的智能化方向更迭提供了动力，媒体已不局限于内容生产发布传播业态，而转变为一种技术控制手段。智能媒体对传统媒体伦理规范无法全盘接受与沿袭，智能媒体要建构自身伦理规范，实践过程中要穿透"技术遮蔽"、形成的如算法透明、自主选择、公平公开、以人为本等伦理框架，技术产生的问题必须从技术本身和技术控制者的角度对智能算法的设计与应用加以规范，以为受众价值认同构建理性互动空间。

1.核心价值驾驭智能媒体算法

　　智能媒体的算法透明与话语权"再去中心化"。算法透明在这么多国家已经立法并实施，我国也颁布了《个人信息保护法》，但真正做到算法透明除了法律规范与行业约束外，还需要受众的媒介素养、算法技术公平、数据运用合规、媒介组织规范等要素综合作用：算法要有利益边界并在社会主流价值引导下向社会公开；用户数据纳入算法要有隐私边界与责任主体；算法要在法律层面把规则细化等，构建受众主流价值观认同。一是强化智能媒体平台价值引领的主体责任，在算法中融入社会主义核心价值观，平台智能算法要担当社会责任，履行好"内容把关人"职责；二是通过价值引导与话语规训，对智能媒体平台坚守正确价值导向形成社会舆论约束；三是引导技术人员积极利用智能识别、精准推荐等技术手段将蕴含主流价值观要素的信息置于智能媒体空间，用技

术过滤等手段屏蔽不良影响资讯；四是保障用户个人信息收集与应用的知情权和主动权，增强受众"个性化控制"的自主性，让用户掌握"自我画像"的权利以及智能媒体个性化机制的自主选择权；五是构建智能媒体人机协同的信息分发模式，避免固定推送逻辑下的同质化内容泛滥对受众价值观的固化与极化；六是探索智能媒体的防沉迷上瘾机制，增加异质化与多元化信息推送算法在智能媒体中的融入，通过提升信息推送的丰富性和多样性来提升受众价值选择和价值判断的主体理性。

2. 公序良俗规范智能媒体

重构智能媒体伦理的人文底线。一是 AI 技术在内容生产方面的运用尤其是写稿机器人与视频制作机器人的出现，专业媒体的权威性与专业内容生产的审核把关被弱化，内容生产缺乏价值判断与人文关怀等，而智能媒体的伦理规范重构，要守住以人为本的伦理底线，平台要有人文情怀，算法要有人文主义精神，内容生产模式要增强人的主体性与能动性。二是借助软性约束手段确保正确价值导向的实时在场。智能算法技术的中立性在于技术本身并不具备任何价值偏向，但技术的设计者或媒体平台在利益驱动下易将个人的主观偏见注入算法之中，必须加快构建和完善相关行业伦理道德规范准则，积极推动智能媒体领域自律公约的制定完善与推广实践。三是用全方位多层次的伦理道德规范体系推动智能媒体行业的自我约束和相互监督机制。加强对相关从业人员的职业伦理培训，用道德的软性约束手段提升相关从业人员遵守行业规范的自觉意识，以技术开发者的自律引领智能媒体平台的自律，以智能媒体平台的自律来引领受众群体的自律。

（二）行业自律：受众媒体素养提升与主流价值引导

智能算法推荐催生了社会文化沉浸式体验模式，创造了以技术识别为核心的全新媒介景观。于受众而言，AI 技术赋能智能媒体，受众接受智能媒体取决于其对智能媒体的认知与自身素养，以及受众价值认同心理，需内外结合提升受众对智能媒体的接受与认可。

1. 受众媒体素养提升

智能媒体对于 AI 等技术的运用是以社会总体科技水平为前提的，技术运用能力的高低决定了媒体智能媒体的水平，而媒体素养是社会总体应用与接受能力，智能媒体素养则受多方因素制约。一是受众价值认同构建，要让受众了解智能媒体运行技术逻辑，了解智能媒体的权力控制与价值裹挟；二是算法推荐的多维度控制。要利用各种智能媒体平台进行智能算法技术常识的宣传教育，提升受众对智能媒体内容产品推荐的思辨与甄别筛选能力。

2. 主流价值的构建与引导

一是要提升智能媒体的价值引导的对象性和亲和力。无处不在的"信息茧房"以及网络圈层"漫灌"传播方式已不为受众认可，要优化话语呈现形态、创新话语表达形式，让主流价值观内容能够直击受众感性的价值情感需要，让受众在感受"有意思"中建构起"主流价值"认同；二是通过诠释和凸显受众群体中影响力较大的人物或事件所体现的主流价值观内容，借助受众的"血缘""趣缘""社缘""粉圈"等圈层的 KOL 的声音，激发受众主流价值的共鸣与认同内化；三是设置受众关注的感兴趣的议题，让主流价值话语成为受众价值判断与价值选择的基本准则；四是将主流价值观的宣传教育同受众现实生活的利益需求结合起来，让价值引导和教育活动更具针对性和亲和力；五是整合不同智能媒体的优势功能，运用受众人容易接受的话语形式，相互借力而形成主流价值的协同传播效应，超越"茧房""圈群"的价值封闭与撕裂，让其转化为孕育受众主流价值观认同的有利资源。

（三）平台规范：营造健康网络生态

智能媒体空间健康环境的营造，除了需要各个主体"自律"，还需要加强监管与秩序营造的"他律"。为此，应发挥制度监管的刚性规范作用与主流意识形态的自身柔性感染功能，共同为受众价值观认同构建营造健康的智能媒体环境。

1. 完善智能媒体平台的约束机制

智能媒体的行业规范建设当前尚处于探索完善阶段，媒体平台的主动性和自律性受经济利益的制衡会有相对局限性。强化平台的约束机制措施主要有：一是"顶层设计"界定网络行为权责边界。完善智能媒体平台的问责追责机制，提升不同部门参与智能媒体空间治理的联动性，形成自上而下的严格监管机制。维护公平，媒介技术均衡分配。西方国家先后提出了 AI 能力应用的"公平分配"原则。我国也推出了《新一代人工智能伦理规范》明确保障受众公平公正地应用 AI 能力，以伦理保障算法技术黑箱；坚持"普惠"原则，保障各类群体融入人工智能市场的权利；要求程序开发更具包容性，体现多样性和特殊性。二是增强法治思维，构建智能媒体行业规范。算法、技术只是工具，媒体与网络企业社交平台的责任不可推卸，内容生产、程序开发、平台运营各个层面中涉及的主体都应该纳入媒体伦理规范之中，既要有明确细化的法律法规约束，又要有行业与平台自律，如日本提出的根据不断变化的条件与环境，灵活治理 AI 的"敏捷治理"，即从多元共律、媒体自治、媒介素养层面强化媒体伦理规范。增强法律法规建设的主动性和前瞻性，严格惩治算法操纵、隐私侵犯、传播虚假有害信息等不良行为，使智能媒体行业和普通个体都能够有法可依，同时严格执法，通过不断提升法律法规的威慑力来增强智能媒体空间的自我净化能力。三是公众监督透明，创新智能媒体协同治理机制。运用公众监督反馈渠道，提升公众监督处理反馈效率等措施，激发公众参与智能媒体治理的积极性，要利用公众监督的群体性优势来促进智能媒体行业的健康和谐发展。规避智能媒体的"再权威化"与"偏见歧视"。智能媒体生产与传播的内容看似客观准确，实则隐藏着信息偏见和歧视，"信息茧房""群体极化"等现象明显。又加之数据质量参差不齐以及算法偏差，加剧了社会伦理价值的固

57

化，侵害了受众的资讯知情公平权，同时，由于种族、性别、国籍、宗教等层面因素更容易导致多种偏见与歧视，既要保障受众对算法的知情权、内容产品的选择权，也要规范算法、要多元化并具备包容性。

2. 加大智能媒体主流价值的内容供给

"内容为王"仍是智能媒体的核心。智能算法"信息找人"、定向发送旨在为受众提供高质量内容。智能媒体要承继传统主流媒体的丰富的精神文化生活产品，获得受众的价值认可与获得感，让受众感受到主流价值的感化；把握智能媒体平台传播优势与传播规律，创新拓展主流意识形态在算法推荐技术逻辑中的传播地位，用好主流媒体与网络企业商业平台、自媒体的传播工具，推动政府、企业、网络与社会媒体的创新融合，打造智能媒体时代主流意识形态传播的新阵地；既要从内容生产对各类媒体进行机制变革创新，又要有针对性地加大对智能媒体受众主流价值引导的分析与研发投入，通过打造专业化人才队伍为智能媒体主流价值提供宣传保障，积极构建智能媒体主流价值的精准化传播体系。

（四）算法治理：以主流价值驾驭算法

无论是智能媒体的算法还是其他行业应用的算法，其实都是计算机基于数据分析、面向特定目标的一套指令或方案。既有个性化推荐算法、策划算法、制作算法，也有网络平台的商业算法、推销算法、治理算法等，算法带来的挑战也是突出的。

1. 算法影响人的认知与价值认可

算法为社会治理提供基础数据。AI为国家权力对个人和社会的引导管理提供了数据基础，形成了运用互联网、物联网和AI技术构建的"治理体系"，可以让社会治理主体更加主动地预测、预警、预防社会风险，弥补社会裂痕，维持社会共识，但个体受到各种监视、控制的风险也在加大，数据采集的工具也向各类传感器、可穿戴设备拓展，它们对于人的数据的采集进入深层，人的现实行为数据、生理数据等成为收集对象，其中很多是人们不愿意透露的，甚至是涉及个人隐私的数据。这些数据急需设定边界。当前，算法已渗透到网络、搜索引擎、电子商务平台中。目前，媒体应用的主要有内容推荐、协同过滤、标签图谱、深度学习等，其核心动力在于解决内容产品与受众之间的供需适配问题。受众有产品需求，市场即媒体就要满足这一需求。但目前算法的精准吻合度、推送合理性、受众覆盖率、内容多样性和产品新颖性等缺乏专业性与主流"价值观"内核，算法构建的世界是一种机械而缺少人文关怀的世界。

2. 算法抑制受众判断与决策力，禁锢人的社会位置

依赖算法作出判断与决定其实是机器的算法判断，当前，算法在交通导航、医生诊疗、产业决策、经济活动、经营分析等方面的影响日益加深。其原因，一是算法有海量数据；二是建立决策模型，寻求最优方案；三是有人性温度与人文关怀，问题也是明显的，如算法伦理、价值判断。因此，人类对于算法的依赖，算法结果只能是参考，而不是手段与目的。算法是否存在偏见，算法提供的结果是否合理、准确。在没有这种判断力的前提下，盲目依赖算法，也就难免会落入各种陷阱。

人工智能是人类思维的映像，算法一定程度会禁锢人的社会位置，这主要是指的算法的偏见与歧视，如就业歧视、信用歧视、投资歧视等，其在很大程度上关系到人们的社会位置及流动可能。算法决策中，个体被赋予一种算法，从而被打上分类标签，就容易产生歧视与偏见。如打上对受众有利的标签，可能获得更多资源和向上流动的可能性，如打上歧视与偏见的标签，受众很难逃离当前社会位置的束缚，算法对人们的社会位置的禁锢还会通过其他方式实现。这种歧视在教育、医疗等其他领域也有不同程度的表现；同时，算法会加剧数字鸿沟，信息技术的贫者不仅与算法权力无缘，也会在他人的算法权力的控制下，困在自己的圈层。

3. 算法控制人的数字劳动

2020 年，《外卖骑手，困在系统里》的特稿，商业平台的算法引起了受众的关注，即平台的精细算法实现了"万单对万人的秒级配送路径管理"，用平台规范了骑手的情感与数字劳动；但骑手却必须要不断压缩外送时间和增强劳动强度，使原本由骑手自己决定工作内容与工作数量的状况转变为平台控制骑手的数字劳动了，骑手如拒绝算法分配就会失业，实际上是控制了人的数字劳动。平台的"付费阅读模式"也是如此，网络作家不是创作，而是在平台的支配与控制下，迎合受众和市场的，按字数获取报酬的"计件工"了；短视频、视频直播等内容生产同样如此，过于单一的算法导致了"鼠标投票"与内容生产者数字劳动被剥削的趋势；也助推一种新的数字劳动工种，即网络水军。另外"玩劳动"，也就是让数字劳动者通过兴趣完成平台与网络的工作。这些数字劳动没有规范的量化考核指标，劳动者的努力随着算法"水涨船高"，压力倍增，内卷严重，同时，"贫富差距"也越来越明显。

（五）价值引领：建构智能媒体的核心应用

1. 媒体构建其价值观要重视社会文化属性

机器可能通过学习拥有人类的能力，人与机器的价值观都是被赋予的，而价值观是与其社会历史文化属性密切关联的。文化价值观强调其文化属性，社会价值观注重社会属性。文化价值观是指共享同一文化的成员在社会化过程中被教导的价值规则；社会价值观是群体成员共同拥有的、外在于个体的、存在于人与人之间互动中的一套价值体系。在我国，集中体现社会历史文化属性的就是社会主义核心价值观，包括国家层面、社会层面的价值要求，其中，国家层面的价值要求是"富强、民主、文明、和谐"，社会层面的价值要求是"自由、平等、公正、法治"。AI 技术运用于智能媒体，首先关注的是价值引领。技术是人的本质力量的对象化，承载着人类价值观，AI 技术的核心价值观导向要以人为本，也就是"以人为本的 AI 能力"，主要从三个维度来体现，即 AI 技术应合法合规、有人本理念、可靠性。而以人为本则体现 在尊重人类自我意识、预防伤害、公平公正、可解释性等方面，还包括人为监督、技术安全、数据治理、透明度、多样性、公平性、问责追究等内容。

2. 智能技术的价值观引导及传播

"核心价值观"应是多种价值观的"交集"，即"叠加共识"。在媒体系统和社会系统之间，同样存在这种"叠加共识"，但在不同时空条件和社会语境下，媒体系统和社会系统之间的"叠加共识"会有差异。在中国，社会的主导价值观也应当成为信息价值观建构中的重要指导精神。习近平总书记指出："发挥社会主义核心价值观对国民教育、精神文明创建、精神文化产品创作生产传播的引领作用。"为了确保智能信息内化社会主义核心价值观并引领信息传播，需要形成信息传播专业的价值观。不同媒体语境下，内容产品的传播价值理念不同，传统媒体主要体现在：真实性、专业性、公共性三个层面，传统媒体以其自身价值观通过自己的方式服务社会。AI 技术与媒体行业深度融合后，渗透网络内容生产的采集、生产、分发、互动和事实检查等各个环节，智能媒体价值观在算法可靠性、透明性和隐私性方面有不确定性，甚至误导性，导致了内容产品的真实性、人本价值的极大挑战。AI 技术在资本与市场的催化下，其线索发掘、文本写作、评论策展、标题制作、网页编辑、信息分发等方面存在"内幕"与"黑箱"，在 AI"科学"和"客观"外衣下，"黑箱"问题导致了更大的歧视和偏见等问题，有悖于公正的价值观，甚至导致信息极化、回音室效应等。受众对于 AI 的过分信赖也导致了主流价值引领的缺失。AI 技术智能算法深度融合加剧了生产效率与人文精神、工具理性和价值理性的冲突。内容产品作为机器和社会的控制手段，必须内含以人为本的价值取向，要通过算法弘扬社会的主流价值观、公序良俗的价值导向；工业革命时期，工业技术替代了人的体力劳动，信息革命时期，AI 技术替代的是人的脑力劳动，但并不是人的思维。

（六）智能媒体参与社会治理的路径与方式

1. 数据与隐私信息的依法合规运用

社会治理的智能化要借助大数据、云计算等技术实现智能治理的创新，目前 AI 技术并没有很好地解决数据安全与隐私泄露等问题。问题的解决必须借助法治手段。法治化建设是保障社会治理有序健康运行的关键。社会治理的智能化进程因智能媒体的参与存在着不稳定性和不可预见性。智能媒体参与社会治理的智能化，一是要树立法治思维和法治意识，建立健全法治体系，明确智能媒体"可为"和"不可为"边界，为智能媒体应用于社会治理提供基本的法治保障，最大限度地保护用户及平台方根本利益；二是要完善智能媒体的法治化建设，建立相应的规范引导机制；三是要建立智能媒体应用的规范化体系，明确在社会治理智能化进程中其应有的权利和义务，最大程度保障各方的合法权益。

2. 智能媒体建构资源共享共用机制与基础设施

智能实现社会治理智能化须构建资源的共治共用机制，一是要转变思维，强化协调，让数据资源更好地服务社会，保护受众的合法权益，做到数据便民利民，让人民群众享受到社会治理智能化的服务红利；二是资源的共享共用要做到公正、精细和准确。智能媒体参与社会治理主体要认真辨别数据资源的真伪和可靠性，做到准确把握、及时抓取、精准分析、合理运用，使得社会治理智能化的建设真正服务于民；三是智能参与社会治理智能化建设要完善乡村智能媒体的基础设施建设，更加及时准确地掌握广大人民群众的生产生活需求，从而实现精准服务。加强技术工具和基础设施建设。智能实现社会治理智能化同智能技术和基础建设有很大的关联。一是智能媒体要融入社会治理的框架与治理机构中，运用 AI 技术完善各种规章制度，以技术服务社会治理；二是智能媒体要健全信息基站和大数据平台，为社会治理智能化提供足够的技术支撑平台，尤其是要加强落后地区的基站建设，保证社会治理智能化全面覆盖、均衡发展，增强社会治理智能化区域性发展协调性；三是要加强

62

社会治理的技术创新能力建设，推进社会治理智能化领域人工智能、数据平台、软件设施等的发明创造、生产应用，推动社会治理智能化建设全覆盖，将智能媒体融入社会治理各方面各环节。

3. 专业化人才聚合

媒体参与社会智能化治理需要技术，更需要人才支撑。一是要建设一支既精通智能媒体技术又具备社会治理能力的应用型人才。这类人才还需要具备创新思维，能及时灵活地应对社会治理平台设施出现的新情况、新问题。二是注重专业技术人员培养力度，注重专业性与多元化并举，培养全能型技术人员，建设社会治理主体部门以及数字化技术知识普及的人才队伍。三是要加强系统性、专业性培训，从基本技能、治理思维以及智能媒体意识等方面，帮助他们尽快适应社会治理智能化带来的改变，提高职业素养和业务能力。

第 三 章
智能媒体的内容策划与生产编辑 AI 化

　　智能媒体的快速发展为视听产业创新注入强劲动力，视听产品的形态得以拓展，传播主体持续更新，视听媒体"策采编审发传评管"环节发生根本性变化。AI 技术的发展应用，为智能媒体构建数据驱动、人机协同、跨界融合、共创分享的智能经济形态提供了支持。传统媒体的"策采编审发传评管"内容生产流程全部 AI 化应用，再造了感官与视觉呈现及强互动场景。主流媒体和网络企业社交平台积极通过数据可视化、虚拟主播、智能短视频生产等方式，不断创新内容产品的生产。

一、智能媒体的内容策划与生产编辑

（一）智能媒体角色的生产转型

新兴媒体平台的不断涌现，推动了媒体融合与智能媒体的发展。在内容生产领域出现了以"中央厨房""媒体大脑"等代表的"智能编辑器"，其主要功能是集图文、音视频演播室、网络生产制作设施、音视频设备、图形工作站及各类终端于一体的技术生态空间，以技术降低网络内容生产成本，缩短流程，达到一次采集，多端多用户使用的目的。而全新的智能生态空间，使网络内容生产角色与意义生成也随之变化。其转型则可大体归为以"策划""采编""审核"三阶段。

视听媒体的 AI 交互与应用

图 11　视听媒体的 AI 交互与应用

1.传统媒体向智能媒体转变的审核把关角色转换

传媒媒体的"把关人"角色已形成固定的套路与模式，该观念源自卢因（LEWIN）于 1943 年提出的"渠道理论"理念，传统媒体在内容生产过程中，专业人员把无效信息与内容过滤掉，按其专业人员的价值观撷选可发布的内容，整个内容产品的生产过程中，专业编辑即专业内容产品的"把关人"。对传统内容产品的各个环节，如内容挑选、写作、定位、安排调度、发布、修改等多个角色的把关负责，主要是记者证书编辑的两类把关。AI 技术与网络技术的助推下，智能媒体消解了传统媒体的把关角色，以其新技术与 AI 能力消解了"把关人"角色功能，又凭借其算法能力，实现了内容生产的"再中心化"，并重组了系统与结构，生产环节中的把关环节，在智能媒体中得到强化。

表 9　视听媒体从业者三轮角色转型

类型 / 角色转型	转型内涵	智能技术	从业者技术素养	网络与人、网关系
视听媒体从业者的"策划"角色转型	智能媒体的视听策划角色转换	数据分析与新闻编辑；用户阅读与体验	智能融媒重构传媒学科：直面挑战、勇于创新	人工内容审核：重审"主体性"回归
视听媒体从业者的"采编"角色转型	社交媒体的智能采编守望角色转换	数据获取与新闻采集；产品的分发	智能融媒颠覆传统媒体构架：超越传播，融入社会	智能媒介平台的主体"永存"与人的主体消融
视听媒体从业者的"审核"角色转型	传统媒体向智能媒体转变的审核把关角色转换	技术作为场景：视听产品审核流程的动态化	智能融媒对伦理规范的挑战，突破自我、涅槃重生	隐形工作、新闻生产与智能技术的人–物网络关系

2. 社交媒体的智能应用与角色转换

网络社交平台及其依附媒体的出现使内容产品的传播发生结构性变化，网络内容的分享、发布与时效性、真实性的判定都在算法与 AI 能力的支撑下有了全新的变化。社交媒体带来的受众参与消解了原来传播把关人的话语权与控制权，把关人的角色转变为"聚合"，内容生产者的主要职能是关注、辅助受众参与内容产品生产。与传统媒体内容产品生产中的"把关"的主要区别是，"聚合唱"是积极主动地将部分内容的采集、选择和加工权利让渡给网络受众，从而共同完成内容产品的生产。社交媒体的出现以及内容产品生产环境的海量化、碎片化，使得传统媒体机构不必再因"把关""剔除次重要的内容"；而社交媒体的"聚合"是从海量内容中强调更重要的内容，内容的重新整理与传播构成内容产品生产。

3. 智能媒体的视听策划转型

智能媒体内容产品的"策划"。媒体运用多种内容整合技术，依据时间成果、因果逻辑等找到内容产品的线索。内容产品中的细节与现场语境是智能媒体"策划"的重点。智媒时代的策划要用"数据导引＋算法集成＋平台分发＝内容策划"，以主流价值引领，再度成为内容产品的把关人，当前内容产品的策划多分为主题分析、选材精练、组织加工、分享发布、后续跟踪等几个阶段。因此，策划通常被理解为是一种对各种围绕中心主题的"人工制品"的评价、挑选与呈现。在智能媒体时代，技术创新为内容产品策划发展提供新动力。主要是通过内容产品的策划让数据创造者、提供者、存档者、消费者共同参与的标注、评价、选择、转换数据等行为，让数据增值、广泛共享和再利用。让内容从"单向讲述"到"双向对话"。

4. AI 赋能内容场景、内容动态叙事

图 12 智能媒体内容生产的底层革命

智能媒体的算法打造了内容产品自认为"科学"的生产链条。AI 技术优化了内容产品的各个环节，尤其是内容产品的分发与传播环节，以"数据"的形式反馈给媒体。媒体依托平台的 AGC、PGC、UGC 等形式，进行聚合、筛选、呈现智媒时代的内容产品，这是区别全媒体的主

要标志。一般来说，智能媒体的内容产品从微观到宏观的个人、媒介、组织、社团、制度五个维度的筛选。其流程与全媒体采编大同小异，首先是内容产品数据的获取与采集；其次是数据分析与内容编辑；再次内容产品"标配"的制作与分发；最后是受众的阅读与体验。但这一流程更偏重人机协同。

5. 内容产品生产者的创意协作

AI 技术迅猛发展并在媒介系统中逐渐占据主导地位，AI 技术的大规模应用于同人有关联的事与物上，出现了以 AI 技术为主聚合类平台，如今日头条；以主流媒体为主的全媒体平台，如光明网、人民网、凤凰网、澎湃等内容资讯平台；以及微信公众号、短视频平台的智能推送系统等社交平台。网络企业社交平台、主流媒体平台、自媒体平台等发展空间再度拓展。内容生产与传播关系也随之再度复杂。

移动网络时代，内容产品的生产权利不再专属于媒体或是记者，其边界不断拓展，以至于形成了"人人皆媒"的态势，传统媒体的"把关人""策划者"角色全失，智能媒体的发展和技术更新，始终以 AI 技术辅助内容产品的生产。由 AI 技术主导的机器遵循特定的算法与流程，履行传媒媒体"把关人""鉴定者""调查者""聚合者"角色，形成了智能媒体的"再度中心化"。在这些因素影响下，内容产品的生产就不仅仅是人际协同了，而是人与机器、人与物、人与数据的协同了。

（二）智能媒体内容的生产与传播

1. AI 技术支撑内容生产全环节变革

智能媒介技术的广泛应用，全面重塑和再造内容产品的生产、发布等全部流程与环节。"个性化""人性化"的智能媒体使得内容产品与媒体融合越来越紧密；而 AI 技术主导性与操作性也越来越强。当然带来的问题也是越来越明显，社会主流价值凝聚力弱化、权威失落、引导乏力和认同窄化等问题，以及人机交互的价值评判与伦理等问题。内容产品的生产者经历了由"去技能化"向"再技能化"转化并且进一步向"多技能化"转变。人机连接关系不是简单的竞争关系，而是共存关系。媒体无论发展到哪个时代，都需要有主体即人的创新，永远要体现"以人为本"的理念。

智能媒体的内容生产升级，导致媒体的内容生产模式，甚至底层支持力量都在发生深刻变革。传统的媒体技术变革也会导致内容生产的新形式和新效率，但底层基础与运营模式并没有变化；智能化技术作为底层基础，渗透到生产全程，也必然带来一些新的生产模式。

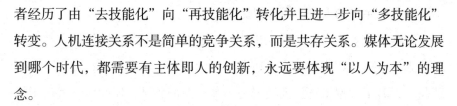

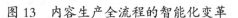

图13　内容生产全流程的智能化变革

AI技术优化功能是对内容生产的另一个显著影响，实时监测与优化分析内容生产全流程，借助数据优化分析竞争对手、优化分析传播平台与路径、到达落点与流量、环境变化与走向、用户反馈、表现形式等，可为内容生产随时提供优化依据，优化也不是事后的反馈与调整，而是可以伴随内容生产的全过程。

未来，AI技术与人的力量的结合，提升了内容产品的深度与广度，还能提炼海量数据资源与积累知识图谱。AI技术在图文音视频领域的应用，提高了图文音视频的识别水平，也可以核查其内容的真假。AI技术在音频处理与识别中的应用也正在深化，可自动将文字转成语音内容进行识别，并自动制作同步播报。内容产品的智能专题生产制作，媒体平台发现某一主题内容的关键碎片、完成结构化组合，之后进入自动识别与生产制作。

2. 内容生产的人机协同与智能校正

智能化内容生产是一种人机协同、智能校正的新生产模式，其核心仍是人的价值观评判与约束。机器可以纠正人的经验不足，放大了人的能量、提升了效率，开拓人类能力不能触及的领域，还能赋予人对于规律的新认知能力、对知识的新提炼能力；同时，机器也削弱了人的力量与人的价值观，人要用自己的经验识别与纠正数据的偏差。场景事实观察与验证：技术使得一切都可以数据化，一切都在数据化，按照数据指引，人类可以根据认知规律进行内容的规划与生产，但仍需要从海量数据中，找到其正确真实描述现实的场景数据，既要有设备或可感知机器捕捉的内容数据，也要有非数据"描摩"感性认知合成。

内容产品的专业判断与解读：传媒媒体的专业经验与专业价值在智能媒体时代，只是 AI 能力的一种辅助验证，对内容的真伪与价值的判断，平台有一整套算法与流程，但其核心仍是算法确立者的价值观与工具理性伦理，内容产品的深层意义仍取决于专业价值。内容产品对于人类思想与情感的传达只是机器对于人的模仿，机器虽然可以生产制作内容产品、图文音视频，甚至可以写新闻、诗歌小说与音乐，是因为机器对于人模拟能力在不断提高，但从某种意义上说，也只是在帮助人去理解自己的一些思维活动。对于社会现象与问题的思考，机器的 AI 可以赋予人一些新的观察视角与思考层面，但对于由复杂个体所构成的人类社会，以及社会中的现象与问题的思考，机器能力永远是有限的。人还需要不时摆脱 AI 的模式和套路避免成为机器的奴隶。人需要警惕与觉察技术带来的各种陷阱，并不断提高识别与超越陷阱的能力。

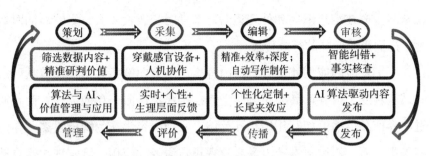

图 14　智能媒体内容生产各环节 AI 应用

3. 智能媒体内容的分布式生产与定制化生产

智能媒体的 AI 化革命，使移动化、社交化与智能化几者之间融合交织，致内容类型边界淡化：高雅与通俗、专业与非专业、资讯与泛资讯内容之间的界限无法厘清。其主要原因是内容来源模糊，多元的生产者与多渠道多平台的分发，让内容产品来源与去处更模糊，受众只关心内容产品的消费价值，并不关心内容的来源与出处。同时，内容产品在传播过程中也会不断"变异"。区块链技术的发展让内容产品也不再集中于某一人、某一地或某一平台，而是采用数据库分布式的方法进行生产，参与主体都是人，分布式内容生产系统将有更多机器与智能化物体参与，AI 技术则可以有效地核查与分辨内容的真假，也可有效协调各生产者之间的资源。另一方面，长尾效应也让内容的生产仍会集聚于定制化的内容产品。从而获得更多的受众，寻找新的营利模式。

（三）平台与渠道再造，媒体嬗变格局下的内容生产

随着 5G、大数据、云计算、物联网、区块链、AI 技术的发展，这些技术在内容产品的生产中的运用越来越普遍，改变了媒体行业的生态，也成为传统媒体转型升级的关键因素与重要突破口。

1. 内容生产从单向链条式到链状网络式

传统广播电视新闻生产以时间为顺序严格遵守"采、编、播、存"的流程，是相对单一的单向链条式结构。受人力物力限制，传统广播电

73

视新闻生产在信息采集和处理运营环节耗时长、投入大，影响新闻时效性，进而影响新闻的有效传播。

人工智能的应用使得传统的内容生产由单向链条式结构向链状网络式结构转变。内容产品分布方式生产结构不再局限于单向流转，而是通过内容产品传播的相互作用相互反馈，实现内容生产的智能再造。在内容采集方面，通过文本转语音或音视频转语音的应用，可实现内容自动化生产、内容素材自动化分类；在内容提升方面，利用 AI 能力，对文本、音视频的语音、标题、画面等进行综合分析、智能识别，辅助人工审核，提升效率，可以实现对图片、视频画面质量分析，并动态调整系统配置，为观众带来更好的画面品质；在智能创作方面，探索推进 AI 写作与制作、AI 比赛报道、虚拟主播等应用；在面向受众传播方面，采用大数据算法实现用户标签处理及智能个性化推送，实现内容产品或视听节目精准化传播，促进生产的智能化与消费的场景化。

2.场景叙事全流程智能再造

2019 年 1 月 25 日，习近平总书记在中共中央政治局第十二次集体学习时强调："要探索将人工智能运用在新闻采集、生产、分发、接受、反馈中。"以人工智能为典型代表的新技术正在以强大能量助力媒体深度融合，在传统媒体嬗变格局下重塑新闻生产流程。

表 10　智能媒体平台与渠道视听内容的重塑与再造

重塑环节	再造内容	应用环节
解构生产	从单向链条式到链状网络式	"策采编审发传评管"流程单向链条，影响产品时效性与传播效率；单向链条式结构转变为链状网络式结构，产品流程的入口、加工、终端实现了 AI 化与自动化；各环节的智能识别、视频分析、AI 写作、虚拟主播、大数据算法等应用实现视听节目精准化传播
场景重塑	视听内容产品全流程智能再造	入口：选题策划与新闻采集；加工：新闻编写与优化处理；终端：新闻发布与用户反馈
逻辑双赢	挑战与机遇并存	基于数据产品范围，缺乏深度思考；解析内容系统产出方面，缺乏人文关怀；用户体验自动聚合方面，缺乏异质信息

接入端：内容的策划与采集再造。接入端的内容来源是内容生产的首要环节。智能媒体的 AI 技术，是从接入端的数据输入，在内容分析、算法处理、协同汇总等方面，与传媒媒体的方法在广度与精度上有较大的差异。如媒体的采编平台可通过接入"百度""腾讯""网易"智能创作平台的地域热点和热点素材接口，可实现 24 小时实时追踪当地乃至全国新闻热点，为内容生产报道的选题及文案策划提供了有效支持；体育赛事方面，央视最近推出的智能篮球剪辑系统，通过 AI 技术实现赛事过程的实时分析、在线剪辑、个人集锦等功能，有效节省了赛事制作的时间，在很大程度上解决了筛选素材的难题；资讯采集方面可以通过语音识别、人脸识别、OCR 识别、关键帧提取等新技术有效加强基础原子能力，精准识别 UGC 的真伪，扩大内容素材来源、降低采集成本、提升采集速度；同时还可以采用无人机、情感交互技术、大数据分析技术等传感器拓宽内容采集途径与采集范围，以期形成更深层次的内容产品。目前，媒体广泛运用 5G+AR 眼镜 + 手机 App 的采访方式，也可有效提升内容采集和场景报道的水平。

制作端：自动写稿与制作处理。写作机器人最早源于腾讯的"Dreamwriter"，此后，国内主流媒体开始策划并推出多款"写作机器人"，根据算法第一时间自动生成稿件，瞬时输出分析和研判，快速将重要资讯和解读送达用户。以 2018 年 11 月 15 日为例，"Dreamwriter"写作天气稿件 1298 篇、财经稿件 773 篇、汽车稿件 546 篇、房产稿件 126 篇、体育稿件 76 篇，有效增强了数据分析型商业新闻的时效性。同时，自动音视频制作，如新华社"媒体大脑"可以通过智能设备收集、检测、提供多维信息和数据，还可以用 AI 技术对视频的语音、标题、画面等进行标题提取、摘要关键词提取等操作，辅助人工审核，提升效率；通过镜头语言分析技术对视频画面质量进行分析，动态调整系统配置，极大地提高了制作效率。

发布端：定向发布与互动反馈。主要体现在虚拟主播和精准推送两方面。在虚拟主播方面，利用 AI 技术，借助人脸建模、唇形预测、图像处理、语音识别、语义理解、语音合成等多种技术手段，构建形象逼真自然的 2D/3D 虚拟主播，实现内容稿件的实时自动智能播报，推动业务与技术深度融合，实现了内容产品传播的创新。虚拟主播一直以来在内容生产自动化上不断提质增效 AI 技术的使用，提升了视听内容产品的制作效率，降低了制作成本，还能在突发事件中快速生成视频，提高报道时效和质量。面向受众传播方面，大数据算法能够准确把握用户心理、解析并描绘个人画像，通过用户标签处理及智能个性化推送，实现视听节目精准化传播。大部分资讯类新闻聚合平台都采用算法进行相关推送。其中今日头条创建了个性化推荐模型，基于读者的阅读记录，通过 AI 技术和算法了解用户的阅读兴趣，并以关联性的文章为主线进行推荐，有效提升用户的阅读体验，从而实现新闻信息的精准化传播。智能化技术已经进入到媒体的信息采集、内容加工、内容审核、用户反馈等各个生产流程。智能分发技术也为内容的传播带来了新的模式与新的平台，未来的个性化分发还可能会以私人管家的方式体现。智能化技术也带来了新的风险，伦理的约束对风险防范至关重要。

人工智能强调创造像人类一样工作和反应的智能机器，从而延伸和扩展人的智能。包括自然语言处理、图像处理以及语音识别等。人工智能的发展与物联网、虚拟现实等技术的发展相得益彰，在内容生产、内容分发的各个环节引发了变革，也给媒体及新技术公司带来了新的挑战。

二、智能化技术在内容生产中的全流程渗透

在内容生产方面，智能化技术已经进入到媒体的信息采集、内容加工、内容审核、用户反馈等各个生产流程，未来更有可能实现全流程的深层渗透。

（一）智能化技术扩张的信息采集力

过去媒体获得内容素材所需要的信息的途径主要依靠"人力"。然而，智能化技术使媒体信息采集延伸到了以前人力难以到达的新空间，内容资讯类型及来源越来越广泛，也出现了一些新的信息维度。

1. 智能技术辅助视听采集制作与采访

在突发事件、重大活动等现场，媒体要迅速进行人、环境等相关信息的识别，一般会借助多工具，如智能眼镜等可穿戴设备，应用于各类场景中，"谷歌眼镜"辅助记者进行采访。智能眼镜拍摄的"第一人称视角"的视频，可以增强视频的代入感，但它在对象识别与数据采集方面的潜力更值得挖掘。尽管智能眼镜作为新鲜事件的出现存在很多问题，有可能成为采访的一种重要工具。未来在 5G 技术的支持下，没有延时的数据获取，更是可以进一步提高智能眼镜作为采访辅助工具的效率。此外，智能媒体内容生产系统也将有更多的目标识别与信息检索的功能。如"媒体大脑"系统的人脸识别系统，可以精确定位海量图片或视频中的特定人物，并根据这些人物构建人物的关系图谱。又如智能技术也可以帮助快速将录音等音频信息转换成文字信息，提高采访与写作的效率。当然，无论智能技术如何扩张信息采集能力，在内容产品的采编与制作中，人仍是核心。

2. "巨""微"并重：信息采集向大数据与个性化的双向延伸

智能时代也是大数据时代，物联网和智能技术也为大数据应用提供了新的数据来源与分析手段。在这样的背景下，内容产品所依据的数据大多是基于大数据的产品，特别是在反映整体性状况、普遍性态度与情绪或预测事物走向时。国内大数据在内容产品中的应用较早，例如，2015 年 10 月央视推出的"数说命运共同体"专题产品中，为了推导出全球货运量增长以及途径"一带一路"沿线主要国家的海上货运量增长这两个关键数据，5 位数据分析员用了 21 天分析从 GPS 系统获得的"全

77

球 30 万艘大型货船轨迹"①，分析比对的航运数据超过 120 亿行。当前国内媒体在这方面实践还有限，但技术的发展也会推动媒体大数据应用的发展。要特别强调的是，看似客观的数据并不必然使内容产品真实，有时可能因为数据获取的不完整或数据的误用，给真相的了解带来更多障碍。媒体需要不断提高其数据采集、分析与处理能力，这对于媒体来说是一个很大的挑战。而拥有大数据处理能力的技术公司，也可能由于不懂内容产品规律，缺少专业价值观与伦理的约束或利益的干扰，滥用其数据权利。此外，智能技术也在将媒体所需要的信息采集向"微观"甚至个性化层面发展，也就是更多地获得来自个体的信息。可穿戴设备也将成为收集个体层面信息的重要手段。"颗粒度"精细到个体的信息采集可以为个性化内容生产提供精准的依据，同时个性化的数据往往也是大数据的基础，它们可以集成为大数据。向"巨"和"微"两个方向延伸的信息采集以及其他层面的数据引入，也会给媒体的选题策划、传播优化、用户分析等带来新的思路与手段。在国内传统媒体的转型实践中，例如《人民日报》的"中央厨房"、新华网的"新华睿思"分析平台、《浙江日报》的"媒立方"、《封面新闻》的"蜂巢"系统等，都体现了利用数据分析进行选题策划、效果分析和传播优化的智能化思维。

3. 传感器成为智能媒体的信息源

物联网、5G 等技术将推动"万物互联"，而从传媒业角度看，万物互联也意味着"万物皆媒"。智能化物体将作为信息的主要采集者与传递者，甚至是内容的加工者，其中，这些设备包括搭载智能设备和传感器。一方面，智能设备和传感器可以成为人的器官的延伸，在人的感官不能触及的层面，"人"借助"物"可以获得更强的信息获取与判断能力。另一方面，未来也可以做到以"物"知"人"，即通过智能设备、

① 彭兰. 移动化、智能化技术趋势下新闻生产的再定义 [J]. 新闻记者，2016，34（1）：26-33.

传感器等数据，更好地理解人的行为与状态、人所处的社会环境等[①]。新华社的"媒体大脑"也已经涉足物联网的应用，运用智能化技术赋能媒体。它将上千的摄像头和破万的传感器等智能采集设备作为信息源，通过这些采集设备自动采集信息，以此为基础，通过新型技术作为工具，为政府与企业提供智能化服务[②]。传感器在新闻业的应用给媒体带来了新的想象空间，但这也会给媒体带来全新的挑战。传感器的数据在传媒业之外，相关的数据处理技术对媒体来说也是陌生的。一些拥有传感器基础设施与数据的企业不仅控制着数据，甚至可能自主发布相关信息，而不再需要借助媒体。传统媒体需要迎接与熟悉"物联网思维"，也需要尽早寻求物联网领域里的合作伙伴。

（二）内容产品智能制作加工的发展走向

近几年，内容产品的智能制作加工大量涌入网络业与传媒业，涵盖了图文、音视频等全环节全流程的处理，智能化处理的生产线在不断延伸，而智能技术的角色也从独立创作者逐渐扩展为媒体人的创作主导工具。

1. 从机器写作向智能化多媒体生产的扩展

机器写作是人工智能技术进入内容生产领域的早期工具，即基于数据的自动化采集和内容产品模板，以软件来实现自动化写作。机器写作给财经、体育及其他领域的类型化内容写作提供了一种快捷的方式。在国内，腾讯、新华社、今日头条等都开始采用这种写作工具，如腾讯的写作机器 Dreamwriter 每天发布的各类稿件就已经达到 2 500 篇，平均每篇生成速度不到 0.5 秒[③]，并尝试借助依靠传感器提供的数据生成新闻。当前，网络企业社交平台的写稿机器人每月发稿量达到 10 多万篇，涉及

---

① 彭兰. 增强与克制：智媒时代的新生产力 [J]. 湖南师范大学社会科学学报，2019，48（4）：132-142.

② 上千摄像头、破万传感器助攻，10秒钟1篇新闻，新华智云媒体大脑诞生（http://www.sohu.com/a/209624005_354973，2017 年 12 月 10 日）。

③ 腾讯写稿机器人上线 2 年，如今每天写超 2500 篇稿件（http://www.nbd.com.cn/articles/2017-04-18/1095682.html，2017 年 4 月 18 日）。

的领域也越来越多。机器写作生产效率高、传播速度快，它们可以实现在特定领域内的全范围、全时化生产，同时兼顾大众与小众需求，机器也可以自动实现相关信息的关联，丰富与拓展稿件内容，在生产者与机器之间，机器在写作过程中给予媒体内容生产者智能协助，从写作习惯、关键资料推荐、文章核查等方面，帮助提升生产人员的写作质量和效率。尽管机器写作的创意能力也在增强，然而机器缺少像人对现场的感知与描绘能力，很难传达人类的复杂情感与解读讨论能力，因此，机器写作并不会动摇人在内容产品写作中的主导地位。此外，包括图片在内的视频领域，用机器制作而成的主题视频集锦生成、视频封面的智能化生成、智能编目等也越来越多。图像方面，智能拍摄、合成及优化等都已经在实践中得到应用。而音频的智能化技术也越来越成熟，如生成、编辑、识别等应用有市场的潜在动力；而视频的拍摄与加工运用 AI 方面，最是体现在第五届中国新兴媒体产业融合发展大会上，即新华社开发的"媒体大脑"智能媒体生产平台引起中外媒体强烈反响。

　　智能主播也是智能化内容生产的一个应用方向。目前人工智能主播几乎可以达到与真人主播一样的效能。并且智能主播在准确传达信息、自动核实信息、快速搜索相关信息等方面具有优势，而人类主播则需要在观点表达、文化积淀、情感交流、临场应变等方面发挥自己的特长。机器自动写作与制作也有其局限性，因此，未来机器可以更多地在信息的扩展与挖掘等方面成为人的辅助者，人机协同可以使得视频内容在保持人的视觉与感受、文字的配图，其工作原理为利用自然语言处理技术审美、思考等基础上，在某些方面实现拓展。分析内容产品，并匹配相应的图片。在国内，不少主流媒体也在研发自己的自动图文配发系统，并在探讨从内容的匹配、用户阅读偏好、心理等需求来进行考虑分析进行自动匹配。AI 技术要进一步解决内容产品的专题化、逻辑化整合问题。专题的表现形式是应对碎片化内容产品的一种重要方式，可以更快、更直接地对内容产品进行宏观审核把控，AI 技术应成为媒体智能化的驱动力，实现内容产品的更高效、更可靠与低成本的生产方式。

2. 从机器独立运作向人机协同生产扩展与内容把关

目前开发的一些机器自动内容生产系统其内容生产水平也在不断提高，未来它们与人的创作之间的界限何在？人在内容生产中的定位将向什么方向发展？这些都依赖于 AI 技术的升级与智能媒体的发展，人工智能与内容生产领域的融合，不是用智能技术完全替代人类，而是将人从繁复的工作中解放出来，其核心目标是结合机器的力量更高效地进行人机协作，拓展人在某些领域的能力。能否实现这些目标，取决于人对智能化技术的认识与开发能力。此外，传统媒体的专业水平、伦理价值观、思辨能力以及人文情怀等，并不会因为机器的出现而弱化，它们更应该作为机器时代的人的核心能力与价值得到强化。

内容的核查与把关，是智能媒体一个重要的问题，一方面是解决生产者的多元化导致的内容品质不统一的问题，也把常见的文字问题与版权问题解决了，但事实核查这一块，却不是机器能完成的，全靠人工来完成内容审核已不太现实，智能技术应用于内容审核也就成为必然。智能技术对海量内容的高效处理，用独特的算法识别谣言、假新闻、不良信息等。AI 智能图片行业，此后图片与文字的搭配可以自动实现；而智能文本纠错等应用，可以实现纠错排重。一是识别可疑信息。通过自然语言处理与模式识别技术，用新闻中的特征识别来发现虚假信息或不良信息。目前机器识别的准确率相对较高，但也可能有误判的现象，但是通过收集大量的数据，训练更复杂的模型再加以人工辅助，相信在不远的未来，由机器来自动进行信息核查的准确率会不断提高。二是内容与事实的核查。用机器分析内容的来源，应用智能技术提高内容产品核查的效率，主要是利用智能技术对传播路径的溯源来追查信息的源头，验证相关信息的实用性与可靠性。同时，智能媒体还可用运用大数据对内容产品进行"多源求证"，通过产品的不同来源进行交叉验证来求证内容的可靠性，这将是提高机器效率的一种重要手段。三是纠正错误内容。通过信息的核实后，将确认为虚假信息的内容进行纠正后重新传达给受众群体。同时，随着人工智能在传媒业的大力发展，应该进一步完善人工智能的法律法规和政策体系，遏制虚假信息的传播，确保信息在传播过程中的安全、可靠、可控发展。

3. 智能化技术下的用户分析、反馈机制与数据约束力

智能化时代的内容生产，很重要的一部分是受众驱动的 PGC 内容生产，这类产品是建立在对受众需求和反馈的精准把握上。未来对于用户的分析将有可能精细到个体层面，并且会关注不同场景下个体的具体需求。传感器与可穿戴设备，包括车联网、物联网已经重新定义传播的反馈机制。通过设备反馈的人的生理数据与反馈信息相对更真实。如 2018 年两会期间，新华网引入 "Star" 生物传感智能机器人，用设备 "读心术" 描绘出 30 位观众在聆听政府工作报告时的 "情绪曲线"，之后生产出国内首条生理传感新闻。利用人的生理或心理的反应数据来分析用户的方式，使媒体对用户的研究进入到一个新的认知层次，其充分借助智能技术把握了受众的特征，将更有助于生产出生动、丰富的新闻。这也涉及了另一个层面的问题，即内容 AI 生产的数据约束力。在智能化内容生产中，数据既是一种基础设施也是一种权力基础。因此，掌握核心数据的企业或个人就具备某种特权，对权力的约束与控制就显得至关重要，既要规范合理使用，还要具备数据伦理，要有对数据权力的约束、数据质量的评估、数据伦理的审计和数据采集中的个人权利保护等。

此外，从内容产品的真实性等方面看，因为数据的采集、生产、加工、分析等环节的偏差可能导致客观性数据堆积成假象。或是一些不法分子在图片、音视频等方面故意捏造事实作假等带来的 "深度伪造" 问题也越来越多。这些问题都需要各类约束与治理。

第四章
人机交互 AI 化与视听媒体渠道的发布

全媒体智能化发展时期，IT、CT、OT 行业力量全方位涌入，边界消融，壁垒破除，专业媒体即便有全媒体发展领地与能力，挑战与压力仍然巨大，加之智能发展引发的"信息茧房"、"后真相"等问题的困扰，除了用专业守望行业之外，还需技术迭代与升级推动媒体的智能化深度发展。未来各种力量的汇聚融合，都是一种行业的重塑，又因为的媒体 AI 技术的专业化，媒体的智能化就自然转向智能媒体。

一、人机交互 AI 化所导致的视听媒体困境与变局

（一）行业的突围与创新

1. 突破行业与网络壁垒，突围创新

AI 时代"万众皆媒"，行业与网络壁垒强化。互联网与人际网成为信息传播的主渠道，传统媒体与新媒体的作用范围被逐步压缩。自媒体兴起，海量的信息稀释淡化了传统媒体的专业性。媒体的智能化强化了技术专业化的壁垒，海量信息的筛选、判断与解读，不限于专业人员的专业素养，更多依赖于 AI 技术的专业化，AI 技术推动内容生产的 AI 化与专业标准的提升，并逐步成为行业内容生产者的标杆。

传播社交化考验媒体内容智能化能力。资讯信息的网络传播成为当前的一种传播常态，原来以媒体内容的社交化传播转化为以资讯信息的网络化传播为主，资讯内容的渗透张力取决于社交动力和用户的存在感，而提升用户的社交形象，维系、扩张其社交网络，成为资讯信息能否快速扩散的重要因素。因此，媒体的智能化已不能满足网络用户的需求，媒体必须完全智能化，仅仅注重形式的创新和"语态"的 AI 化，忽略资讯内容的个性化、专业性，短时间内会形成一定的流量效应，无法行稳致远。

资讯内容消费的个性化遭遇挑战。主要是信息茧房、碎片化情绪化的传播、后真相困扰等问题的挑战。当个体社交对象成为信息源，网络就是资讯信息的过滤网，用户的个性化信息获取用一种低成本方式得以实现。但信息茧房、碎片化、情绪化的传播、后真相困扰等问题也多元交织其中，强化了个体"圈层化"的同质化。这些问题在 AI 技术、网络传播、算法技术的推动下更加突出。目前各媒体用新的 AI 技术解决这类问题，又会带来新问题；"后真相"就是 AI 技术背景下的新问题，AI

并非万能，对于复杂的社会现实，很难从事实判断、价值判断的角度来进行信息的筛选；资讯内容的网络传播总是与情绪、态度、意识形态相关，在传播中被不断放大、变异。受众对于资讯的消费类似于像盲人摸象，即便资讯内容传播可以同事实同步发生，情绪化、主观性仍占重要比例，再加之审核、把关的弱化，甚至缺失，仍会影响真相的呈现。

2. 自媒体的智能化技术突围

自媒体是网络时代"去中心化""去权威化"、个体媒体觉醒的集中表现。自媒体凭借 AI 技术与网络能力成为从个体角度冲击挑战传统媒体的新动力。自媒体主体多、触达面大、影响力强，触达的非专业的、碎片化的资讯信息领域填补了专业媒体的传播空白，覆盖了专业媒体与网络媒体难以达到的时空领域。自媒体闭环传播形成资讯圈层。自媒体基于社交网络传播自成体系，传播内容不受专业媒体的限制，并在朋友圈形成圈层传播，在一定人群与阶层形成一种"正反馈"效应，即茧房传播效应，圈层内认可的内容得到放大，不认同的内容被过滤。自媒体的 AI 赋能成为传播"新能源"。自媒体生产内容，用户的行为、情绪、态度等数据，以及用户社群等，都能为媒体提供能量补给。作为内容生产者，可参与内容产品的谋划、筛选、测试等，并成为专业媒体的参照与校正机制。自媒体的个体能量微小，但个体的聚合以及用户能量与媒体能量的碰撞，会导致能量的"聚变"。一定程度稀释专业媒体的"浓度"与专业权威性。专业媒体只有不断"提纯"专业度，同时，吸纳自媒体能量，才能继续保持"存在感"。目前，专业媒体与自媒体间的协同共生机制，也会让自媒体中的一部分经过一段时间的历练成长为专业力量。

3. 视听智能媒体的产业运营与传播

AI 技术在信息采集、编辑制作、内容发布、用户画像、舆情监测、线索搜集等多个环节，能够对媒体业务发挥更加积极的影响，既改变了用户使用行为，又催生出新的传媒业态，推动媒体迈入智媒时代。当前智能媒体生存现状体现在使用方面有四点，一是智能音箱、智能主播、智能资讯等产品与服务；二是用户对智能媒体的认知与接受；三是智能媒体的评价与价值评判；四是智能媒体的用户消费需求趋势。媒体的 AI 应用风险明显，主要体现在"AI 算法受到经济利益驱动""爬虫窃取个人信息""人工智能会被操控""智能算法隐藏偏见""信息茧房"等方面；其主要表现在隐私安全、人文风格、专业公正、穿戴设备等领域。受众的智媒素养、使用感受、产品消费也有显著差异，尤其是受众的年龄、教育、收入和城乡差异导致智媒消费鸿沟、智媒情绪鸿沟、智媒素养鸿沟加剧。智能核心技术与媒体产业整合，提升了媒体的产业化水平。而各个国家智媒的应用，进一步强化国际话语表达，提升在国际市场产业链的地位与市场份额，抢占全球智能媒体技术与行业标准制定的话语权。通过主张发起和设立全球智能媒体治理的国际学术和行业组织，引导全球智媒产业发展走向。

（二）渠道垄断的突围与内容边界的重塑

1.传统媒体在内容分发控制上失去引导力与影响力

AI 能力与技术的应用在表层扩张着内容传播渠道的同时，也演变成为内容传播模式或流动机制的底层控制力量，技术的拥有者在内容产业的话语权越来越强。1999 年，网络巨头新浪等公司涉足资讯传播，以资讯"聚合"的方式无偿使用传统媒体的稿件，引起了传统媒体的不满。1999 年 4 月 16 日，国内 23 家网上新闻媒体首次聚会北京，呼吁全社会重视和保护网上信息产权，坚决反对和抵制任何相关侵权行为，通过《中国新闻界网络媒体公约》，非公约单位如需引用公约单位的信息，须经过授权注明出处并付费使用①。此后网络平台的商业网站开始向传统媒体付费，但这些费用与传统媒体在内容生产上的投入并不成正比，传

---

① Werning，S. Swipeto Unlock. How the Materiality of the Touch screen Frames Media Useand Corresponding Perceptionsof Media Content[J]. *Digital Culture & Society*，Vol.1, No.1, 2015.pp.55-71.

统媒体在一定程度上是在给网络企业的商业网站打工。网络企业的商业网站的兴起既有其体制灵活性、资金的优势，也因其充满挑战冲击，而进入新的层面。

2. 社交平台的资讯分发与传播渠道

社交平台不是专业媒体，但在 AI 的赋能下，社交网络向其用户传播资讯，一方面是来源于专业媒体的内容，另一方面是平台用户的大量的自媒体。社交平台以网络技术与用户数据采取 MCN 的方式赋能自媒体，助推其与传统媒体竞相争锋，传统媒体也相继开办了自己的社交平台，但完全无法与社交平台相抗衡，传统媒体不得不面对新一轮给社交平台打工的尴尬。社交平台的分发与传播渠道与市场地位已不容置疑，与此同时，传统媒体开始向平台聚焦，而视频直播、短视频平台等新渠道形式聚集更多规模化用户，社交平台的话语权日益增强。网络平台在垂直领域的媒体化发展，越来越多的专业化内容通过社交服务类平台流向用户，AI 技术造就了新平台，智能家居、车联网以及各类传感器再定义资讯的采集、分发与传播，这些领域也会形成新的社交平台，成为影响未来传媒格局的新变量。

3. 内容分发从渠道之争到平台之争的 AI 技术支撑

内容的渠道之争是指传统媒体迭代，内容到达受众以单一通道与载体为主，其竞争是自身渠道的竞争，也即内部竞争。随着网络企业社交平台的普及，商业平台的内容到达用户是多元路径、复合生态的，竞争升级为媒体与社交平台的竞争。网络企业社交平台主宰了内容分发话语权，直接影响内容生产生态，并重新定义生产、分发、消费的关系。

传统媒体也纷纷建立了自己的媒体平台，但缺乏技术与网络用户，其传播力处处受限制。即便能强化内容渠道与内容品牌，但其渠道话语权逐渐萎缩。传统媒体也开始进入网络企业商业平台，获得多元分发能力，并尽可能争取有利于自己的合作模式。从渠道之争到平台之争的格局变化，媒体产业的边界开始模糊，与网络平台相互融合，其内容的生产、分发或营销等环节出现分离。部分媒体成为单纯的内容供应商，但要成为有话语权的内容供应商，高质量、专业的内容是其价值核心。网络企业平台的话语权在内容分发上越来越强，其背后的深层原因是 AI 技术与能力的发展。

（三）媒体 AI 能力的应用与创新

网络语境下，智能触控技术已全然融入日常生活，刷屏成为一种典型的具身化数字媒介实践。其根本原因还是数字环境下 AI 能力的加速化发展，同时，新的 AI 技术又通过行为层面的技术化"身—心"演绎、认知层面的数字化身份的同步推进，AR/VR/MR 扩大了意识的虚拟沉浸性与身体物理性之间的鸿沟，使人的身体实践与知觉运转出现分化，智能触控媒介实践建构了去中心化、离散化、永恒流动的"游牧"式的数字生存体验。自媒体开拓了"万众皆媒"的生产领域后，与物联网、AI 新技术融合打造"万物皆媒"媒体资讯生产领域，加快智能媒体进入过去由人担负的资讯生产领域。自 2011 年机器写作开始，现在该功能在工控网、物联网等突发事件的即时报道中的重要作用显现。

1. AI 资讯生产的高效率、高速度与媒体内容的生产、分发及与用户的智能化交互

国内最早由腾讯推出的自动写稿工具 Dreamwriter，其写稿发布时间由最初的 2.74 秒[①]提升到几近同步了。2017 年 12 月，新华社发布首条 MGC（机器生产内容）视频新闻，2 分 08 秒的视频"媒体大脑"仅耗时 10.3 秒，该视频既有会议常规报道，也有用户数据分析、情绪反应、阅读偏好、阅读习惯，体现了传感器数据 +AI 资讯加工的优势。2018 年 3 月，MGC 正式在两会报道中出现。AI 能力在体育、财经等垂直领域的应用可以兼顾各类受众需求，实现信息的自动关联。内容网络与物联网及

---

① 涂子沛 .2016 年度汉字遴选，"刷"应该上榜，http://opinion.caiXin.com/2016-11-22/101009922.html，2016（11）.

其他数据源的 AI 融合，一方面吸纳全新的数据，一方面可以实现 AI 生产并向选题策划、数据挖掘、趋势预测等方向延展。同时，在资讯的智能识别采集、影像的 AI 分析加工、专题的智能化生成、内容的智能化核查，以及二次开发使用等方面，机器的 AI 能力远超人工。媒体 AI 能力的应用为资讯内容生产能力提升提供了机会。既可以把人从单调、机械的某些报道中解放出来，又可以提升资讯内容的专业性、复杂性。

破解"信息茧房"的算法也是人的设计。任何智能化操作背后的模型与算法都是人的设计。参数的选择与权重赋予，也都是人的判断。因此，机器的操作，是人对事物的认识与判断的结果，即使 AI 技术具有自我学习的能力，也仍需要人类的设计与预判，更需要人类的约束。AI 能力生产的"黑箱"取决于人对技术的驾驭能力。目前，媒体的智能化生产与分发中扮演主要角色的是技术人员，把专业理念与专业价值判断编写到平台的算法中，机器技术的理解越深，对其驾驭的能力也可能越强，而人类自身则是日益失去话语权。但"人""机"并非决然的对立，而是协同共生的关系。人与机器的智慧的相互注入，是为了提升未来的内容生产与服务水平。

基于传感器的生理信息反馈，将成为未来的一种新的反馈机制。这在一定程度上可以修正过去以用户主观回答方式进行的用户调查出现的偏差，且可以全程监测用户在信息接收过程中的情绪变化，将对内容生产的指导精确到每个细节。而这些反馈数据，本身也可能成为新闻内容的一部分。2018 年 3 月两会期间，在李克强总理作政府工作报告时，新华网影视传感评测实验室进行了一场同步实验，Star 生物传感智能机器人实时收集了收看报告的 30 位观众的情绪生理变化，描绘出他们的"情绪曲线"，并生成了一条新闻。虽然目前我们还不能完全确定现有技术条件下数据的可靠性，但至少这样一种方向是有启发意义的。智能分发是媒体 AI 能力的应用。智能分发解决的是海量信息与需要它们的用户之间的匹配问题，它对于信息分发的效率的提升无疑是显著的。更重要的是，提供智能分发的平台，再一次削弱了内容生产者的话语权。

2. AI 触控技术推动人机合一与数字身份建构的双重融合

网络技术的迭代升级和 AI 技术的发展为媒体内容的生产与消费提供了技术基础，未来 6G 技术会进一步使高清视频、虚拟现实等所需的大数据量传输效率大幅提升，媒体的智能水平会得到极大改善与提升，人机的智能互构关系会发生更为深刻的变化。自 2007 年首款"触屏"手机出现，便引发了人与技术互动方式的极大变革。"刷屏"不仅仅以一种扁平化的行为方式存在，还在更大程度上贯穿了信息的形成、流动、使用、共享、过滤与互动等价值实现的全过程[①]，数字语境下，"刷屏"成为人的数字化的生存新方式。

"身—心"融合刷屏的 AI 实践。"刷屏"的身心关系在 AI 技术的支撑下，人在操作屏幕时，身体在现实环境，思维却随着屏幕内容构成的虚拟世界所主宰，构成虚拟与现实混合的世界。现实环境中，身体与手对屏幕的操作是以屏幕后面的媒体内容为核心的。"刷屏"行为把身与心即身体与意识的关系固定为 AR/VR/MR 的关系。屏幕的智能触控的媒介实践建构视听感触世界，以意识的想象满足了人的求新欲、窥私欲和好奇心，创造了一种狂欢化的知觉快感。

数字身份的建构实践。随着 AI 技术与数字媒介在生活工作中的深度嵌入，个体在网络中开始建构了一种普遍的、共同的数字身份，目前是由手机媒介建构的数字化生存的符号表征以及数字化的思维、形象、态度的意义系统。在网络语境中，人的存在方式、认知方式均发生了变化，对事物的认知与网络发生密切关联，数据成为最重要的认知资源，而"刷屏"成为获取数据、认知世界的重要方式与路径。个体在网络与朋友圈的"刷屏"行为中，是以"数字身份"与现实世界与网络保持关联的。网络用户通过"刷屏"，感知到其与世界保持联结的状态，也

---

① 刁生富，刘晓慧. 盛行与焦虑：刷屏的技术文化哲学反思 [J]，西南民族大学学报（人文社会科学版），2019（10）：58-62.

获得对自我存在价值的认知与确证。用户通过"刷屏"的行为实践在人际、群体互动中建构着自我的"数字身份"。现实社会中,"刷屏"行为在虚拟与现实世界之间标记了界线,经常进行现实身份与数字身份的切换,从而达成行动者对自我"数字身份"的重新理解与再次确认。

AI 技术致使用户现实身份与数字的分化与切换。AR/VR/MR 技术让网络用户在现实身份与网络数字化身份之间进行切换。网络用户在 AI 技术支撑下实现了现实与虚拟世界的融合,现实身份与数字身份的切换。虚拟与现实的融合成为用户感知其状态的方式,用户更加难以辨别二者之间的界限,从而产生意识可以脱离现实的物理身体而沉浸在虚拟时空中的知觉,导致了人的思维知觉与身体实践的分化。

3. 智能触控技术下的媒体内容生产与传播语境

社会状态从农业社会的"逝者如斯夫,不舍昼夜",到工业社会的"速度之美",再到后工业社会的"见屏如面"的发展,是人类对资讯与知识的终极追求。形式上,从报刊的"深度阅读",到电视的"瞬间观看",再到手机的"浅度浏览",这是媒介技术的发展变化支撑着媒介观看方式、观看速度的变革,呈现出媒介观看的浅层化和媒介时间消费的加速趋势。数字时代,资讯泛滥,人们获取资讯的速度在技术的支持下也不断加速,而"速度至上"的数字生存时代,用户"刷屏"就成为获取数字资讯的重要方式,用户从碎片化、海量化、浅层化的物质和符号化的资讯形态中的认知、选择,成为用户的自己的个体抉择。用户的感受、体验、测量、使用其实已完全被数字化媒介化,成为网络与数字化的一个单元。网络时代,资讯消费和时间消费成为用户双重消费逻辑,AI 技术的支撑下,用户的两重消费完全融化于海量的资讯内容中。"刷屏"让用户与受众的"一目十行""日阅千章"的内容消费成为现实,AI 技术其实是赋予数字身份之后的用户的;"刷屏"又让用户的时间消费失去了目的与方向,用户在"无意识"状态下的内容消费或内容生产打破了时间运作规律,而是按媒体的规律去阅读、收听、观看的,因而这种时间的消费也是非秩序化的，经常让用户产生"抖音5分钟，人间1小时"的认知错觉，把用户的行为与认知拆分开。

二、专业媒体的智能化重塑与再造

无论媒体的边界与范围怎么重塑与拓展，其社会环境监测、舆论监督、社会整合、文化传承等社会职责的履行不会改变，但智能技术与社会变革仍在持续，媒体的内容生产主体、模式和格局都发生了深刻变化，专业媒体不得不接受智能化的重塑与再造。

（一）视听媒体的专业性改造与重塑

1.多元主体与多重路径

改造与重塑从来不是单向的，传统媒体的边界拓展与消融时，其专业性流程与从业者的专业性素养也随之延伸拓展，而在移动网络中的各类主体以及商业平台，从商业目标与经济利益角度出发，既承继了传统媒体的专业性，也在"公共性"的商业性中探索经济目标与市场价值。主体现在以下几个方面。

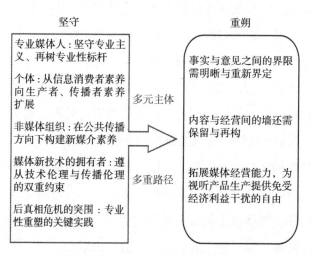

图 15　视听媒体的专业性改造与重塑

后真相危机的突围是专业性重塑的关键实践。后真相或类似问题是近年人们批评传媒业专业性降低的主要依据，后真相问题的显性化，与商业平台和自媒体的崛起相关，随着话语权的大众普及，大众需要"眼见为实"的视听真相，需要在传统媒体或主流媒体的架构下，重建接近客观真实的框架。拥有专业经验与人才的专业媒体是探寻真相中最核心的力量，在移动网络语境下，对事实或真相的挖掘，更多的是多元力量共同参与的"真相呈现"，推动受众不断地向真相接近，而媒体"事实"与"真相"的不断反转，推动受众向事实的深层挖掘，这就涉及事实核查与真相追寻的问题。那么采用哪种方式"呈现真相"核查事实，就又成为主流媒体与商业平台探索的共同目标，于是多元主体与多重路径的竞争就此持续推进。

2. 视听媒体边界的消融与内容拓展的坚守

尽管今天是一个边界消融的时代，但在内容生产中，还有一些界线需要更为明晰和坚守。

坚守事实与意见之间的界限。评论太多，事实已不够用，这似乎成为今天的一个典型困扰，尤其在社会化媒体中。虽然今天的时代更需要意见与评论，但专业媒体意见的形成应该建立在事实基础上。不让意见与情绪干扰对事实的判断，不让意见凌驾于事实之上，仍是今天专业新闻生产中所需坚持的基本原则，也是专业性的体现。对于普通个体来说，媒介素养的培养，也应当帮助人们区分事实与意见之间、事实判断与价值判断之间的差异。事实与意见的界限的明晰，也是进行理性交流、超越后真相困扰的一种思维前提。

坚守事实传播与商业经营的界限。在向新媒体转型过程中，传统媒体的产品链条在向内容之外的其他产品扩张，内容产品与其他产品的界限似乎在模糊。媒体过去强调的内容与经营之间的墙，是否还要坚守？产品界限的模糊，并不意味着内容与经营可以混为一谈。内容与经营，仍然有着不同的价值取向。无论媒体未来的内容生产模式发生什么样的变化，涉及社会公共利益的内容生产，仍然需要警惕经济利益的绑架。这仍是专业主义的一个重要底线，也是媒体品牌的核心支撑。

（二）基于算法的内容智能分发的三维度四原则四路径

1. 智能算法分发的三维度

新媒体的发展过程也是传统媒体之外内容分发渠道不断兴起的过程。网络巨头的商业平台以其算法与搜索等技术重构了视听内容的市场格局，并让商业平台以社交网络的身份融入传播领域，并形成了一种公共信息传播通道。商业平台的探索一直在持续。2012 年，运用算法进行内。荐的今日头条客户端发布，2013 年，一点资讯上线，2015 年，腾讯推出天天快报，2016 年，趣头条发布，这些内容聚合工具，通过算法对海量内容进行筛选与定向推送，使内容可以更快地到达与之匹配的人群，内容分发的速度与效率得以提升，用户也可以更快捷地获得自己感兴趣的内容。各商业平台在受众与内容之间，共同探索出基于算法的"关系""个性""场景"三个关键维度。

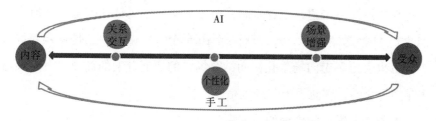

图 16　内容与人关联的 3 个核心维度

个性化是根据受众或用户的信息需求与偏好进行分析。随之而来的是"信息茧房"问题，会将受众约束于"信息茧房"中而不能提供更多的内容，致使受众只选择接触愉悦自己或自己感兴趣的某些内容，视野变狭窄，对社会环境的认知不充分。因此，改进围绕个性化推送的算法需优化与提升：一是算法应根据受众的个性转向与需求变化及时调整；二是引导受众行为的分析与引导，让受众跳出"信息茧房"的围墙，激

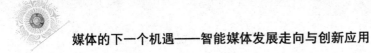

发出他们的新兴趣和新需求。

关系交互是受众的多重"关系"在算法中的相互作用与影响,其既是内容分发的依据,又是内容实现人的关系连接与整合的重要环节。关系交互主要有三类。一是社交关系。用户的社交关系体现在不同平台上的社交圈。二是社群归属。同一类社群中的成员可能有着相同的志趣爱好、相同的文化特征等。三是社会归属。社会归属是一种社会成员把自己纳入社会集体中的心理状态。用智能技术让个体与整个社会建立更多的联系,促进个人参与公共对话、公共行动及提高对公共的关注度,增强社会归属感。

场景增强主要涉及空间与环境、用户实时状态、用户生活惯性、社交氛围等方面的拓展。受众在不同场景时会体现出不同的行为特征需求,如共性或是个性的行为特征。当前场景拓展已进入了智能家居、智能汽车等领域。因此,视听媒体的融入也是必然趋势。

手工分发在视听产品的智能分发中具有不可取代的作用。集中式的平台或许并不能代表智能分发的全部模式。一是视听内容生产既依赖于平台与主流媒体渠道,也谋求自主分发渠道。如《钱江晚报》采取人工推荐和 AI 推送结合的方式,开拓了 10 余个分发渠道。二是受众获取视听资讯也会更多走向场景化,而结合场景的智能分发的商业平台与渠道也是多样化的,因此手工分发也是一种补充。

2. 算法分发中的伦理四原则

分发与把关的兼容原则。视听内容生产者的多元化既丰富了产品数量,也加大了视听内容消费选择的难度。一是复杂环境中的视听媒体与商业平台要解决内容与用户间的连接问题,还要对内容进行把关,无论算法何等精准,也须由人工审核把关。二是人工审核也需应用 AI 工具与能力。如 AI 对内容识别的分类与自动流程等。

个性化满足与公共整合的兼容。视听算法的原始驱动力是用户的视听消费需求、用算法精准满足用户内容需求是一种技术进步,但人是社会关系的综合体，其内容消费不是单一的，还需社会化的多元信息的搭配，从而整体了解社会。未来的算法需要在谋求更精准的个性化推送的同时，优化公共性信息服务，解决个性化内容与公共性内容的平衡、个性化服务与社会整合的平衡[①]。

商业运营与公共责任的平衡。移动网络时代，网络巨头的商业平台，出于商业目的与营利角度，会有意无意让平台的核心竞争力，也即算法运用于平台内容与广告的混杂传播中，并力求两者之间实现利益最大化。同时，商业平台的运营规则也会影响到平台的视听内容生态，包括行业政策与内容版权等，而商业平台对于算法的运用是一种市场行为，算法也是一种权力，在公共利益下权力约束也成为明显的矛盾与问题。因此，商业平台的技术与平台拥有的权力进行制衡是必要的。拥有智能技术与算法权力的平台和服务商也需要提高透明度与开放度，让自身处于社会的监督与约束之下。近几年，网络巨头的内容平台建立以算法为核心的内容分发模式，既考虑到"内容要素"，也考虑到了"心理要素""交互要素"，从而提高内容的匹配力、优化内容的传播动力、拓展内容的扩张力。

价值与伦理的均衡原则。视听产品内容的社会伦理、社会责任与公序良俗是永远不可或缺的，主流媒体平台与网络巨头的商业平台也须承担起产品内容的社会环境监测、社会整合、文化传承等责任。因此，内容分发的算法需兼顾多方均衡，一是推送效率与公共责任的均衡要遵循公序良俗与社会伦理，以公共价值与公共责任为引领驾驭算法；二是公共热度与专业价值的均衡，算法推荐、推送的内容要参照专业价值判断；三是个性信息与公共的作用，并不代表将内容的价值判断完全交给机器。人仍是决定算法的核心因素。

---

① 彭兰.更好的新闻业，还是更坏的新闻业？——人工智能时代传媒业的新挑战 [J].中国出版，2017，31（24）：3-8.

3. 受众接受与平台渠道匹配四路径

商业平台的各类算法大体解决了内容与个体用户间的匹配，但从全局角度看，还需解决与受众圈层、公共、场景匹配等问题。这些问题是制约视听产品消费的重要因素。

表11 用户接受与平台渠道匹配四路径

匹配名称	个体匹配三要素	圈层匹配三要素	公共匹配三要素	场景匹配三要素
匹配要素	个性与心理	圈层画像	社会环境特征	内容消费与受众个性特征关联
	社交环境	圈层文化	社会热点	内容消费与终端界面关联
	时空情境	圈层分布	平台特点	内容消费与受众行为关联

内容消费与终端界面关联匹配。内容与用户的匹配度，不只依赖于算法所带来的落点准确性，还依赖于分发界面与用户环境及需求的匹配度。语音对话、VR/AR可适应不同的情境，为用户提供更便捷、人性化的服务。随着视听技术的升级，场景将带来界面进一步升级，使"内容＋社交＋服务"服务模式更完善。受众的个性心理与平台渠道的匹配方面，算法"算出"的"心理认可点"依据的是用户阅读偏好的外在特征，用平台的"类型"精准匹配，"心理认可点"是对用户深层心理进行分析，解读受众视听消费心理，从而帮助商业平台更好地理解视听内容传播的动力，也可以使精准颗粒度变得更细。

三、智能媒体的语态变革与传播创新

（一）媒体智能化的语态变革

当前，针对各种"卖萌""接地气""程式化""师爷话"等传播新语态争议颇多，各有所爱是一种理由，但局限性和问题也是明显存在的，圈层的认同与受众用户的买单成为传播语态百花齐放的基础。"年轻态"语态是媒体争取年轻用户的一种方式，但并非所有年轻用户都认同这样的一种语态；同样，"中年态""老年态"的语态变革也可以在一定层面推动媒体变革，尤其是在理念、制度、文化等层面的变革。

1."以人为媒"传播模式助推的语态变革

从根本上看，语态变革还是源于传播渠道的变化。主流媒体相对于网络企业商业平台而言，失去的不仅是用户，更多的是话语权。网络企业社交平台的传播渠道"以人为媒"，让用户的社交网络成为传播网络，每个用户都是内容的生产者与传播者。而那些空洞的、教化式的语态难以到达用户圈层，起到传播作用与效果。专业媒体与行业媒体的语态变革就成为势在必行的行为。"卖萌""接地气"的圈层语态的创新与出路表现如下：在新媒体的语态变革中，卖萌成为媒体"讲人话"的标签，表现在媒体账号名称拟人化、账号头像动漫化，编辑多以"小编"自称，以"萌化"的语言与用户进行交流、互动。卖萌的背后，蕴含着机构账号"人格化"的探索，这也是新媒体平台连接与用户的一种方式，但长期卖萌也会使受众产生审美疲劳甚至反感情绪，如不能用内容满足用户的知晓欲、保障用户的知情权，卖萌就会变成贫嘴、油滑，变成与用户"打太极"的另一种方式，特别是在关键环节，人们期待账号传达的是官方态度。

媒体语态的变革并不是抛弃专业性，而是改变过去那种居高临下的教化语态、枯燥套路的文件语态，从尊重用户需求、心理以及媒体传播规律角度，陈述事实。政务与企业新媒体的核心功能是与公众的沟通及面向公众的服务，仅有卖萌、接地气的语态是不够的，言语清晰可懂、态度真诚、表达真实是这两类媒体的语态变革的最终目标。媒体语态变革的目标群体极为重要，"年轻态"语态让年轻用户鼓掌叫好，并形成相对独立于主流文化圈层的亚文化圈层传播。"年轻态"语态也在努力探索"破圈传播"，这包含两种方向：一是试图让媒体的内容打破各种"次元壁"，进入各种亚文化圈；二是将一些本属于亚文化圈的文化，引入传统媒体。但媒体的"年轻态"语态以及"破圈"行动，是对年轻用户及其亚文化的真正认同、接纳，还是对其文化外壳的利用？如果只是在语态等表层向年轻用户示好，而在文化内核上与年轻群体存在隔阂甚至鸿沟，这种语态恐怕也难获得年轻用户的持久认同，后文将对此做进一步分析。而在这种紧追年轻用户的语态变革过程中，媒体还面临另一种风险，即失去一些中老年忠实用户。因为这些忠实用户不一定能理解或接受"年轻态"语态和亚文化圈的文化，也不希望媒体变成另一种面孔。

2. 语态差异与媒体形象的深层纠结

主流媒体的传统媒体阵地与新媒体阵地的语态有着明显的差异，常见的做法是新媒体采用新语态"包装""卖萌"传统媒体仍新瓶装"老酒"，不同的矩阵有较大的差异。有时在不同平台、不同账号上其语态也有市场化的差异，造成形象断裂，不利于与用户关系的长久维系。

另一种深层纠结是语态的娱乐化。网络企业社交平台为吸纳用户拉"流量"，其平台上常充斥着脱离语境的信息、耸人听闻的表达、片段信息的拼贴，缺少观点与概念的阐释。体现在电视媒体中，娱乐是其潮流与趋向，自媒体则以"突然""竟然""真相""震惊"等词语以及惊叹号、省略号等标点符号滥用所代表的故弄玄虚式、震惊式，甚至恐吓式文风击打用户的敏感神经，"破圈"进入年轻用户的文化领地，抢夺更大的流量。语态只是媒体应用手段的一种，更为重要的是内容。

语态变革打破新旧媒体的文化圈层。每一种媒体在发展过程中都逐渐形成了自己独有的文化及其受众圈层。传统媒体的受众与新媒体用户有着较大的文化差异甚至隔阂，传统媒体不理解新媒体文化，即使改变了语态，也难以破圈发展，从非主流的亚文化成长为主流的大众文化。语态变革过程中所触及的矛盾，反映的是相关机构的理念、文化、制度等问题。

（二）AI 时代数字化生存与智能传播

1. 智能传播语境下的人机关系

智能时代，人机关系主要分类为：人机协同、人机互动、人机共生三类。人机协同是将智能化技术引入媒体内容生产领域的目标，通过人与机器间的协同、互动，来提升内容生产的水准；人与机器间的互动是指人与机器算法的关系，体现在智能设备（如可穿戴设备）等方面，将人与平台、社交关系、社交环境等连接起来；人机共生是指基于"NBIC"（纳米、生物、信息、认知）技术的人机关系，人本身成为一种物质性的"软性媒介"，在内容传播网络中扮演着节点与开关的作用，人的身体能够生产数据，成为网络的语体。

互联网和数字人工智能技术的发展打破了传统生产模式下的高成本、慢反馈样式。自媒体内容生产大量涌现，快速地在内容生产领域圈地；数字 AI 将信息服务、受众调查和注意力经济实现了三位一体的无缝衔接；算法技术使得传播的各种操作后台化，推动社会舆论权力扩张，甚至侵入国家意识领域。AI 技术的发展不仅实现了大规模内容采制、编辑和投放的自动化低成本运行，而且实现了传播效果的实时反馈，并获得了越来越多的公共权力。

人工智能是依赖人类劳动的一种新的技术存在方式，其背后的动机和理由是由人来决定的，技术的问题从来不只限于技术的解决，AI 技术将最终导致整个社会结构和关系的重组。

2. 数字经济与人工智能语境下的媒体生态

物联网、人工智能、移动网络等技术环境的改善，数字经济快速发展，网络价值链贯穿整个数字经济与网络生态。媒体也成为数字经济的重要组成部分。网络企业垄断网络与 AI 核心资源。当前，数字媒体、数字化，神经元网络、深度学习方法、云端、大数据、人工智能等的诞生，再现西方控制论的预测地位，挑战了人的认知和感知方式，因此 AI 的本源仍是控制论，国家的《网络安全法》首次系统规定了个人信息的

101

公权力保护，是从信息安全而不是财产权的角度进行的规范。算法经济也是人工智能与网络经济的一个组成部分。现实世界的许多工作越来越模块化、流程化，最终被机器取代并为算法所控制。网络时代，我们日益丧失了对数字化工具和生产资料的控制力和主导权。行政管控方面，首先是从账户控制权入手，控制网络活动及其数据；其次是从用户协议方面进行约束与引导，现在它基本上处于僵化的状态，在未来是一个契机，可以观察用户协议在多大程度上能够反映平台的功能和黑箱内部信息；再次是数据的控制力。

第 五 章
智能媒体的智库建构与发展

媒体智库是近年媒体转型的重要策略。媒体智库是自上而下主导的转型策略，媒体组织通过响应政策号召以换取合法性资本；智库是媒体整合自身资源、提升品牌形象的关键策略。现阶段多数媒体智库仍呈现出水平不高、各自为营的尴尬境地，寻求媒体转型的破局之路仍需多方的通力合作。媒体智库的发展已经实现诸多突破，但仍面临不少问题。打造媒体智库需要借助各方面的资源与结构性调整以推动媒体的转型。

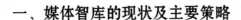

一、媒体智库的现状及主要策略

中国的智库建设热潮肇始于 2013 年前后。目前，"智库"已经成为全面深化改革过程中的重要指标。智库与媒体融合相互关联的指导性文件为 2018 年 3 月印发的《关于加快新闻出版行业智库建设的指导意见》，文件为各媒体的融合转型指明了新方向。媒体打造智库成为媒体融合的战略高地，各级媒体纷纷迅速响应并积极尝试搭建媒体智库。

智库是指专门从事开发性研究的咨询研究机构，是就专门主题进行研究和倡导的研究机构。智库在社会发展政策中发挥了非常重要的作用。

（一）区域集群化的非均衡发展现状

1. 由中央级向区域化扩散的媒体智库

按照所属媒体层次，媒体智库可划分为中央级媒体智库、区域性媒体智库、专业型媒体智库以及互联网媒体智库四大类别。媒体智库最早发端于中央级媒体，然后逐渐向下层扩散，带有媒体资源优势的区域相对集中。我国现有媒体智库的阶段性分布呈现出"金字塔"状的特性，部分中央级媒体虽已建立媒体智库，但数量不多，区域性媒体智库在数量上占据主体地位，且集中分布在北京、上海、广东等经济发展水平较高、媒体发展程度好的区域。

2. 类型多样、水平参差不齐

从发展路径上来看，媒体智库大多依托于媒体自身的研究院而逐渐成形，也有通过与高校合作的方式以实现"1+1 > 2"资源集群效应，并实现自身快速发展。如江苏紫金智库是由南京大学、新华报业传媒集团、凤凰出版集团、江苏有线电视集团以及江苏广电集团联合创立的。高校主导、业界资源加持的特性让该智库具备了突出的资源优势，如互联网媒体智库，依附于互联平台既有的品牌优势与市场资源进行个性化定制服务。腾讯数据智库借助其现有的用户资源与平台生态建立覆盖全国的网民样本库，并通过其原创的互联网与商业报道提供具针对性的市场咨询服务。互联网平台旗下的智库更多是以用户市场为导向、以经济效益为基本目标。媒体智库各有特色，如财经类媒体主张深耕专业领域，通过差异化的市场竞争策略实现资源占有与市场区隔。财新网旗下的财新智库将自身标榜为"新经济时代中国金融基础设施建造商"，通过行业资讯、商业报告、研究工具、系列指数与合作方案等多维度的产品结构为其用户提供针对性服务。除了一些强势媒体旗下的智库发展势头较好外，大多数区域性媒体智库仍存在诸多问题，如资源短缺、人才缺失以及产品服务无人问津等运营层面的掣肘。

3. 内生与外包并存的运作主体

现有的媒体智库的运作主体大多都不是某一个媒体，很多采用的是主动同高校、企业寻求资源互惠式的合作模式，如 2015 年成立的长江智库，就是跨业界、学界与企业界合作的类型。外部力量一方面给予媒体智库以内容及物质支持，让单一的内容生产结构得以扩容；另一方面，由于主导者成了多元主体，所以其运作机制变得复杂化。有利的一面是效益能得到提升，如瞭望智库内生与外包相结合的运作思路打开了瞭望智库的生产与营销渠道，其发文量一直遥遥领先，用户的收藏数、点赞转评数量均十分可观。媒体智库运作主体的混杂化、多元化，实际上也是媒体产业融合、转型的投射，表明依赖时效与信息垄断的新闻生产机构正在积极与高校、企业等外部资源联合，以实现"边缘突破"。

（二）媒资资产与智库数智产品

1. 运用 AI 新技术创新媒体资产综合运用

智能媒体技术不仅能提高单一环节效率，还可通过智能媒体资源管理系统的形式提升内容产品生产整体效率。智能媒资管理系统以智能存储为中心，融合数字压缩、网络传输、资料检索、存储管理、多媒体、数据库等技术，将媒资采集、创建、编目、存储、管理、检索、审查和发布应用集为一体，实现高效管理。媒体融合初期是以传统报刊为重点内容的，近年来，随着 AI 技术的发展，报刊融合从"互联网+"向"智能+"转型，最主要的是以智库的建设为标志，各级主流媒体与社交平台把智能技术用于媒体的存量资源与增量资源的开发应用，继而出现新的智能化的产品形态，让媒体产品从渠道传播向场景传播过渡。智库的建设主要是从媒体的数据资源整合开始的，初期平面媒体以纸质媒体资源数字化处理为主，用好存量资源，向智能媒体出发。各区域性平台媒体，还联系百度、网易等网络巨头科技公司，多方合作，开展大数据业务合作，并成立媒体智慧信息研究中心，在研究中心的基础上再探索实践设立。初步构建的媒体智库是基于大数据技术的，以高端定制化数据咨询和政企机构服务业务为核心的多元产品服务体系。媒体融合初期的智库，大多是原创服务型媒体智库，有效地推进媒体深度融合，为主流媒体提供有力支持。传媒智库的成立，进一步扩大了媒体集团的平台优势，整合了内外部媒体专家资源，强化了话语权。

2. 依托智能技术探索智库数智产品

智能技术颠覆了传统媒体图文内容产品的固态传播模式，各主流媒体通过智库探索以图片影像、视听影像叙事的新手段新方法，围绕社会关注热点议题，以及政企的需求"痛点"，初步构建起多元化的数据产品体系。智库在其中所起的作用不可忽视，首先是整合高校专家资源力量，推出由合作高校专家学者联合撰写智慧信息大数据报告。智慧信息大数据报告是智库成立初期探索完成的系列报告。分析媒体传播的热点内容与重量级产品数据，推动媒体建立图片、音视频形式可视化内容，快速构建全媒体矩阵分发渠道，引起全网广泛转载，获得了很好的社会反响。其次是与网络企业社交平台、科技公司合作，推出数据指数榜单产品，数据榜单产品是通过大数据分析，结合定量定性调查研究，综合反映媒体传播效果的评价体系。指数是以媒体智库为核心的数字分析综合，各区域性媒体与科技公司先后推出月度榜、季度榜、年度榜的常态发布，社会效益和影响力稳步提升。再次是立足大数据技术应用，为政企机构提供定制化舆情服务。传媒智库开创性地提出"舆情共享、业务协同"服务模式,并为政企机构提供舆情监测、诊断和应对等一揽子整体解决方案其主要是为区域内的大型政企事业单位提供了基于数据定制的媒体服务,并由此创造可观的社会效益和经济效益。

二、数据算法、数据化生存与被量化、外化的人与人生

(一)"数字化生存"与"数据化生存"以及智库思维下的传播图景

1."数字化生存"与"数据化生存"

今天,人的"数字化生存"正在深化为"数据化生存"。人的"画像"、身体、位置、行为、情绪与心理、关系、评价、思维方式等被全面数据化。数据化带来了人的身体存在的新方式——虚拟实体化与数字元件化,也增强了人的反身性控制与自我的量化。个人历史与记忆被外化为多维的数据化轨迹,数据也塑造了数字自我、数字人格。以数据化形式体现的外部控制也变得越来越复杂、强大。

数据主义观念号称正在创造新的价值观,与之相关的大数据则驱动着传播学领域多方面的变革。数据主义强调其变革是通过媒介实现的,尽管这些媒介是广义上的,但是传播媒介在其中尤为重要。数据主义与正在兴起的数字新闻业的走向密切相关。新闻业的数字化过程先后经过了网络化、数据化与云端化的过程。在网络化的基础上,经过数据化和云端化,媒体建设"数据云",并进行"开源",打开数据的接入和输出以实现数据的共享,并从共享中迅速增加数据的容量和链接。因此,数据也是数字新闻业的核心要素。

2.数字化生存 [①] 到数据化生存的转化因素及影响

面对人的全面数据化,我们也需要再次从哲学上反思人的本质是什

---

① [美]尼葛洛庞帝,数字化生存[M].胡泳,范海燕译.海口:海南出版社,1997.第15页.

么。与人相关的数据维度的不断丰富，并不意味着数据对人的反映是完整的，也不意味着人的一切都可以由数据塑造，仍然有一些人的本质属性，无法变成数据，或者不应该成为数据。

表12　数字化生存[①]到数据化生存的转化因素及影响

数据维度	内涵	特征	呈现形式	局限性	发展趋势
用户画像	数据库搜索用户的自然与社会属性，特征、标签、个性、兴趣、习惯、需求等特征的汇总	具有政治、经济、文化、个性等全方位特征	数字"标签"形式呈现，标签越多，画像越立体	受众是立体、变化、离散的综合体；数据标签无法反映个体的全面性与复杂性	多维数据与AI分析综合一起，全面概括与总结
身体的数据化	数字空间中，身体的数据化是一种传播手段，也是自我身份认同感的重要方式	为了身体的数字化，受众用手机美化身体形象（包括容貌）	人体（人脸、指纹、声音等）进入数字空间，是人的身体数据化的另一种典型方式	媒体的数字化加深了社会比较与竞争，加剧了身体与容貌焦虑	可穿戴设备对身体状态的数据化会越来越普遍，会形成"身联网"
位置的数据化	受众位置是网络传播的节点，可以使用户分析更精准	位置是移动的自变量，其数据记录与分析是媒体与网络服务的依据	2020年推出的"健康码"就是受众运动轨迹的数据化	物理位置数据与网络位置数据，两维数据具有局限性	未来的空间特征、自然环境、社会情境等皆可数据化
行为的数据化	受众对内容消费、社交活动、电子商务、劳动等各方面的行为数据化	行为数据化是用户画像，理解受众社会位置、服务位置的重要依据，是构建与用户相关的算法的基础	现实行为参与网络点赞、转发、评论反映着人们的现实行为与虚拟空间行为的关系	用户将现实反映到虚拟行为中，或通过虚拟行为对现实行为进行回避或遮掩	未来行为数据必将多样化，尤其是劳动行为的数据化，商业化应用与控制也越发多样
情绪、心理的数据化	媒体对受众或群体的情绪与心理数据的记录与分析	通过眼动仪、脑电仪、皮肤传感器等设备采集分析人眼视线移动、脑电波、汗液等生理信号数据，揭示受众的心理状态与变化	电子设备将人隐秘的内心活动变成显在的数据，从而精准判断人的注意力指向、大脑兴奋程度等	数据不精准、纬度不科学导致数据不匹配	设备的精细与精准，让数据与纬度更匹配、更科学

① ［英］安东尼·吉登斯.现代性与自我认同：晚期现代中的自我与社会［M］.夏璐，译.北京：中国人民大学出版社，2016：91-92.

续表

数据维度	内涵	特征	呈现形式	局限性	发展趋势
关系的数据化	人的本质是其社会关系的总和，包括人与人、人与内容、人与服务、机器、环境的关系等	关系数据反映的是其背后人的社会经济政治属性、权力结构、人际交往等	大数据与算法可以把各种关系之间的"潜在规律"发掘出来，建立新关系	可将关系数据的亲密度、依赖度、重视度等量化与公开化，也可构建不存在的关系数据与纬度	关系数据化反应的是数字生存与虚拟生存的关系与纬度
评价的数据化	个体拥有权利，评分让评价结果更加公平且易于判断、比较，个体之间的相互关系及交互认可关联度	评分机制使得人际监督与约束更突出。为人际互动提供信任基础。	电商卖家/买家、快递员/用户、外卖骑手/用户、网约车司机/乘客，内容创作者/消费者，相互评价制度越来越普及	商业与管理机构可以用作社会治理与商业用途；导致数字拜物教盛行；行业内卷严重；数据造假、作弊盛行	通过法治与平台规范建设，让受众都成为数字人格的观察者、执法者、裁判者
思维方式的数据化	其实是人的数据化，数据成为世界的新"基质"。一切都可转换为不同算法模式下的数据	一切事物、人、人际关系、文化、价值都可以还原为不同算法模式下的数据[①]	网络将数据思维简化为数字思维、流量思维，一定程度上取代人文思维	数据化思维是对人的直觉、经验性思维的补充，但那需要足够的数据素养和严格的应用规程作支撑	算法思维与数据思维的融合发展，可以进一步突破人的思维的局限性

  1995 年以来，"数字化生存"，将人类带入了数字的赛博空间，数字产品与数字服务给人类带来更多的便利；移动网络深化人际、人机的勾连与互动，同时，也带来了更多人机、人物、人际以及人与媒介等各种关系成为可以被计算、分析的数据，这些数据也会变成各种服务商算计、利用的资源，甚至成为被管理、操控的对象。数据因而成为影响、干预关系的一种新手段；数据不仅支持着人们的虚拟化生存，也强化了现实空间中的人与虚拟空间中的人的对应关系，甚至反过来影响现实空间中的人。与"数字化"生存相比，"数据化生存"更加强调数据作为人与数字空间进行交互的介质、手段与方法。

---

① 林建武. 数据主义与价值重估：数据化的价值判断 [J]. 云南社会科学，2020，（3）45-51.

（二）国内媒体智库的两种趋势与四种类型

1.国内媒体智库的四种类型功能应用

国内媒体智能库主要有综合化与垂直化两类发展趋势。前者主要由中央媒体主导，后者主要由地方媒体、市场化媒体主导。智库主要综合、财经、政经、数据四大类型。媒体智库基于各传媒集团资源而创立，天然带着传统媒体的优势，一是专业影响力强，传播力大；二是信息敏感度高；三是人才机制灵活，媒体机构的相对独立性，使得媒体智库的相关研究较少被利益集团干扰，可邀请各界专家进行分析解读和决策建议。

表 13　国内媒体智库的类型功能应用比较

类型与作用	综合型智库	财经型智库	政经型智库	数据型智库
智库内涵	提供综合类研究产品与服务的智库机构	提供财经类研究产品与服务的智库机构	提供政经类研究产品与服务的智库机构	提供数据类研究产品与服务的智库机构
代表案例	光明智库、人民网新媒体智库	第一财经研究院、网易研究局、财新智库、21世纪经济研究院、时代商学院	南风窗传媒智库、清博智库	《广州日报》的GDI智库、腾讯企鹅智酷、南方报业的南方舆情数据研究院
应用性质	涉足领域多、覆盖范围广，一般为中央媒体所创办	致力于提供高质量的研究报告及市场解读，涉及宏观经济、产业发展、微观公司等领域	通过资源整合与调研参考，结合专家学者意见，为社会提供专业性较高的政治经济类研究服务	提供咨询与数据，服务于网络与国家治理重大课题调研、突发公共事件危机应对、政府传播绩效指标体系、国际舆论场等
服务范围	服务于各级党政机构、企事业单位，依托人民网和人民在线	金融科技健康发展等课题，为金融机构和企业提供并购、对赌、整合、基金服务	拥有良好的学术背景与突出的研究能力。为政府与行业提供决策建议，是政府决策的高端智囊机构	提供舆情监测、政务支持、经济预测等服务与数据可视化服务，帮助用户直观地触碰数据
应用链条	覆盖各类报刊、网站、博客、论坛、微博、微信、客户端、留言板、视频等	服务中国宏观经济结构调整、资本市场国际化、中国产业走出去	著名高校的研究团队提供决策参考、舆情分析报告、调研报告服务企业	教育与人才、健康医疗与生物医药、创新与区域发展、社会治理和政府决策

续表

类型与作用	综合型智库	财经型智库	政经型智库	数据型智库
发展趋势	"数据+民意+咨询"的新型智库	集影响力、传播力、思想力、执行力为一体的新型媒体智库	国家高端智库	数据可视化产品智库

2. 数据化与人的"虚拟实体""数字元件"

人的全息数据化，必将全面影响人的生存。它带来了人的身体存在的新方式，拓展了人际、人与社会环境之间的交流模式。被"虚拟实体"化与"数字元件"化的人。当身体、位置、行为、心理等人的物理实体的各种属性被映射为数据时，人被数据重构出数字化的"虚拟实体"。这种虚拟实体容易让人联想到"数字孪生体"。来自制造业的数字孪生技术是指利用数字技术对物理实体对象的特征、行为、形成过程和性能等进行描述和建模的过程和方法，它可以构建一个数字孪生体，与现实世界中的物理实体完全对应和一致的虚拟模型，实时模拟自身在现实环境中的行为和性能。数字孪生体是唯一的，制造业所研究的"数字孪生体"并不能完全平移到实体人身上，况且在不同平台、不同情境下，人会产生很多不同维度的"虚拟实体"。不过人的"虚拟实体"与数字孪生体有很多相似性。服务商也可以通过对这种虚拟实体的研究，来分析、模拟人的行为与需求，提供新的体验。

人的数字虚拟实体就是被拆分成数字化的元件。这种脱离了人体的数字化元件，有了外部重组的可能性。不同个体的数字化元件的重组，会形成深度伪造。不仅会侵犯个体的隐私权与名誉权，也可能带来一些社会危害，而当事人可能是完全无辜地被牵扯其中。即使没有造成危害，当各种生物特质开始以数据的方式脱离人体，被转移到电脑或别人身上时，人的意识与情感、情绪紧密相连，脱离了身体，情感、情绪以及与之关联的道德选择等也可能消失，意识也就失去了依存。人的生命扎根于复杂多样的物质世界，人的延续离不开物质世界，而将自己的意识下载到计算机中从而通过技术手段获得不朽这样的做法是致命的。

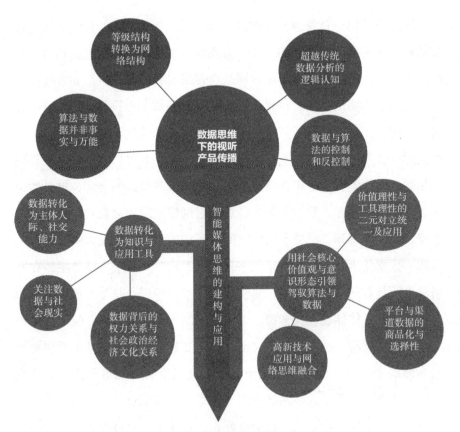

图 17　智能媒体思维的建构与应用

（三）智能媒体智库的数据建设和规范约束

1. 数据塑造的数字自我与数字人格

数据不仅在记录个体的生命历程，也在建构一种数字化的自我。网络中形成的数字数据，让智能算法精准地描绘出网络中的人的数字体，这个数字实体不是人的意识构成的，而是由无数个主体的数据构成的，是被媒体的数据描绘与算法分析出的数字人，也是在数字互动中被社会关系与社会环境所形塑的数字人，当然数据会受到技术、媒介等因素的制约。自我认同指的是在个体的生活实践过程中，通过与他人及社会进行能动互动，以及通过内在参照系统形成自我反思，使行为与思想逐渐形成并自觉发展成一致的状况。自我认同包括自我的同一性的建构、自我归属感的获得、自我意义感的追寻等方面。如今，人的社会化互动愈加依赖数字空间与数据化的方式，自我反思也在很大程度上受到数字空间的影响。在互联网发展早期，网络会带来自我认同危机，如自我虚拟人格与现实人格的分离、自我与社会关系的分离、自我与人的本质的分离，"网我"与"真我""自由个性"与"失个性化"的内在紧张。与此同时，自我意识也面临着数据化的可能。信息是可以复制、移植和数字化的。因此，自我意识在信息的数字化越来越普遍的今天，也必然面临被数字化的问题。数字化的自我意识在网络空间中被自我转换、自我掌控、被他者感知，形成了网络空间中可控的自我，呈现为鲜活的数字自我。数据化生存，也会带来数字化的"人格"。数字人格是主体在网络世界所具有的身份和资格，是主体的信息化表现，是个人信息权利的有机结合和主体体现，其来源于现实又不同于现实的人格，是人在虚拟空间的人格展现，是通过数字化信息而建立起来的人格或基于算法对数据本体的个人行为的数字化记录，数字自我也有可能遭遇"社会性死亡"，这里是指数字人在网络中出丑、尴尬到被围攻、失去网络名声，甚至无法在数字空间立足。社会性死亡，是数字人格被否定、摧毁的一种表现。

2. 双重数据控制的法律规范与制度约束

从虚拟的"数字化生存"到现实与虚拟之间深层互动的"数据化生存"，人类似乎获得了更多自我认知、自我表达、自我记录的可能。但当人被映射、拆解、外化成各种数据时，这些数据又被强制进入各种商业或社会系统时，人们会在一定程度上失去对自身数据的控制力，并受到来自外部力量的多重控制。人的数据化可以在一定程度上带来服务与管理的高效与精准，但这也意味着很多时候人不再被看作是具有独特体验与丰富境遇的生命，而是被简单粗暴量化的对象，或者无差异化计算的数字，"以人为本"可能会逐步转向"以数字为本"。人的全面数据化，也会与整个社会系统的"数据主义"趋向相互助推，营造全面数据控制的社会氛围。因此，今天的人面临着双重的数据化控制：一种是外部力量借助个体数据对其进行的控制，一种是数据主义这一大背景的控制。无论是对哪种控制的"反控制"，最根本的仍然需要制度性的反思，以及这种反思基础上相关法律与制度的跟进。既要有对个体数据权利的赋予与保障，明晰个体对自身数据拥有的权利及保障机制，又要保障那些某些情况下不愿意或不便于被数据化的个体的权利。要有对数据权力的约束，要对那些掌控数据权力、算法权力的商业力量、技术力量做出有效的约束，对那些运用数据进行管理与决策的行政力量也需要有相应的监督与审查机制。

三、媒体智库的资源构成和创新应用逻辑

（一）智库内外脑结合的智慧服务

1. 媒体智库的创新应用原则

目前，媒体智库的发展已经实现诸多突破，但仍面临不少问题。打造媒体智库需要借助各方面的资源与结构性调整以推动媒体的转型。要从信息、资源以及合法性支持三个维度进行规范。不同层级、不同定位的媒体智库其发展模式也是不尽相同，国家级媒体智库更多服务于高层的大政方针，依托于媒体自身的优势，手握大量优质的行业资源、人才资源以及资金支持，能够快速调动资源储备响应国家层面的需求以实现产品输出；区域性媒体智库聚焦于地方的发展，通过承接地方的课题项目或与地方高校、企业进行深度合作，实现在区域范围内的持续发展；专业型媒体智库坚持差异化定位，利用各种榜单、指数以及行业报告来突显自身产品的专业属性；互联网媒体智库重点打造媒体矩阵，形成品牌共振。传媒智慧服务一般为原创服务。传统媒体强化自身实力，有效扩充资源，提升品牌影响力，不仅要实现内部资源整合，还要进行跨产业、跨部门合作。如南方电网与《羊城晚报》媒体集团，在内容生产与

业务开拓上多措并举，拓展媒体智慧服务，多渠道提升智慧服务竞争力。

2.媒体智库的智慧服务

原创性就是围绕数据产品、课题产品、圈层活动、品牌活动提供原创智慧服务，助推行业或区域经济的良性发展，以更有深度、更有思想含量的智慧产品，成为各级党委政府以及各行各业的"耳目、尖兵和参谋"；综合类，即通过与行业协会、专业媒体合作，共建智库、举办专业论坛等方式，实现传媒、学术与各垂直领域核心资源的跨界整合。媒体智慧服务立足于媒体，但不局限于媒体。在内容生产上，实施"技术与内容结合，'外脑'与'内脑'并举"的方针。一方面，促进智慧服务与新技术的深度融合，推动智慧产品从传统的文字报道、咨询报告、调研报告向数据模型转型；另一方面，整合各领域专家资源，发挥"外脑"专业智力优势，同时多措并举提升"内脑"实力，打造媒体和智库深度融合发展的新模式。

（二）媒体智库的资源诉求与运作策略

1.产品圈层与用户共享的内容需求

当前媒体智库的产品主要有研究报告、排行榜单、指数化产品、学术活动、定制出版物等，产品具针对性，突出现实效用与市场导向。如财新智库推出的"财新中国PMI""新中国经济指数""中国大宗商品指数""中国气候指数"等多元的指数产品。现阶段媒体智库所掌握的资源更多是社会层面的综合信息，虽涉猎广泛，但信息密度较低。从用户市场的角度来看，清晰而明确的用户画像与精准的市场定位是提升媒体智库产品效益转化率的必要前提。当前媒体智库中，基于网络的媒体智库具有得天独厚的产品与技术优势。当前腾讯的企鹅智库、网易的财经思想库等都尝试将原有的产品用户迁移至智库平台，借助原有的品牌效应吸引更多用户。媒体智库在强调市场导向的同时需要兼顾社会效益，为地方发展产生真正的影响力。要实现这种预期目标，需要疏通各信源之间的区隔，借助多方力量实现资源的优势互补。目前，一些区域性媒体智库正在尝试建立自身的产品生态圈层，打通其体系内各个产品，形成产品矩阵以实现内容资源共享。

2. 人才 + 战略合作 + 品牌共建 + 承接活动的资源需求

媒体智库的核心是专业型人才。诸多媒体智库都极为重视人才的培养与发现，除了大量引进外部人才之外；部分媒体智库采取"内部培养"+"外部引进"方式组织智库人才队伍。但媒体智库又不同于企业与事业单位的人才管理，公司化运作与市场化运营或许并不成功，智库本身是一种智力产品的构造，其对于内容产品生产资源的获取并不是纯粹追逐利益。许多媒体智库以叠加的方式存在而缺乏完全的自主性；有的多数业务部门分布零散，已有的资源难以实现高效流动，也没有真正形成以项目、业务为主导的联合运作模式。由于媒体智库优先依托于现有的媒体而存在，且不同媒体之间实际存在直接的竞争关系，很难在短期内达成资源共享。当前，无论是网络企业智库，还是媒体智库都一直在探索，尝试引入更多外部力量以扩充智库的业界资源，建立起由网络管理专家、网络意见领袖、技术专家、媒体人在内的智库联盟，积极寻求外界资源；也有呼吁应当对媒体智库的发展设立科学、系统的评价体系，用可量化的指标来直观、正确地评估各媒体智库的发展水平，为其提供前进的方向与动力，解决现阶段媒体发展的资源困境。

3. 服务经济与媒体发展的社会角色需求

媒体智库的出现是契合中国社会经济发展需求的，在经济与社会高速发展的当下，第三方的智库机构提供的咨询参考服务与智力支持变得尤为必要。媒体智库的兴起是自上而下的顶层设计，自党的十八大以来，中央出台多项政策文件，对打造中国新型智库提出了诸多指示，各大媒体随即跟进，主流媒体智库的转型之路中的内部刚性需求，是其转型突破的机遇。国家多次出台关于加强智库建设的指导意见，强调指出，中国特色新型智库是以战略问题和公共政策为主要研究对象、以服务党和政府科学民主依法决策为宗旨的非营利性研究咨询机构；这些政策为媒体智库的发展提供了诸多政策红利，尤其是中央级媒体所打造的媒体智库，自创设之始就已经树立起"资政启民"和"服务社会发展"的愿景，坚持政治导向，探究重大社会议题。一些区域性媒体智库、专业性媒体智库积极尝试与地方政府合作，通过承接课题、加入地方治理体系等方式积极参与地方建设，并获得话语资源。这些都表明了媒体智库服务社会发展的特殊指向性，为媒体创造经济效益的现实目标、为地方经济发展提供合法性服务。

（三）国内媒体智库的发展历程与状态

1. 媒体智库的发展历程

中国媒体智库的起源是从 20 世纪 80 年代的研究机构开始的。1983 年，国家级媒体与通讯社都成立了媒体研究机构，当时并不是智库，只是依托研究机构进行一些理论研究与探讨，目的是依托媒体内部研究机构出谋划策，如《人民日报》、新华社等国家级媒体的研究所、发展中心、战略部等；2014 年，国内媒体融合全面推进时，智库发展建设进入全面发力阶段。主要是依托外部力量发展建设，重点目标是打造为政府和社会提供咨询、研究服务和决策支持的平台，如南方报业集团的南方经济智库、法制智库、城市智库；新华社的瞭望智库；《经济日报》的经济趋势研究院；财新传媒的财新智库等。兴盛繁荣之际，也存在诸多问题，一是媒体智库缺乏建设标准、评价体系与参照系；二是对于不同层次的媒体所掌握的资源差异是否会决定媒体智库的走向也不清楚；三是智库的差异化定位不同，其作用也各不相同。

2. 媒体智库的动态博弈

媒体融合的深度发展势必会导致媒体的结构性调整与重组，会影响到资源迁移乃至利益的重新分配；同时媒体智库的资源依赖性是越来越强。党的十九大报告指出，要加强中国特色新型智库建设，高度重视传播手段建设和创新，提高新闻舆论传播力、引导力、影响力、公信力。加强中国特色新型智库建设，为改革发展和社会主义现代化建设提供强大智力支持。因此，依托传统主流媒体，建设围绕中心、服务大局的传媒智库可谓正当其时，其战略意义和重要作用不言而喻。在传统媒体融合发展过程中，媒体智库建设主要表现为依托智能技术创新，从媒资管理、产品生产、功能拓展等方面实现媒资效能的全面提升。媒体智库要强调人文主义是人类所有价值观的底线和核心，秉持价值理性与工具理性的协同平衡，维护人类社会的可持续性发展。

中央级媒体智库	区域性媒体智库	专业型媒体智库	互联网媒体智库
新华社旗下瞭望智库 (2013)	宁波日报江厦智库 (2012)	财新传媒旗下财新智库 (2015)	腾讯企鹅智库 (2014)
人民日报社旗下人民智库 (2015)	长江智库 (2015)	江苏紫金传媒智库 (2015)	中国网智库中国 (2014)
人民网新媒体智库 (2015)	广州日报南风窗传媒智库 (2015)	江苏法制报旗下律媒智库 (2017)	搜狐网搜狐财经思想库 (2015)
人民日报人民智库 (2016)	四川日报旗下封面智库 (2016)	《决策》杂志下属的决策新型媒体智库集成式服务平台 (2017)	凤凰网国际智库 (2015)
光明日报光明智库 (2017)	沈阳日报盛京汇智库 (2016)	中国经济时报国研经济研究院 (2017)	网易态度智库 (2017)
	南方报业旗下南方传媒智库矩阵 (2018)		第一财经的第一财经研究院
	羊城晚报传媒智库 (2016)		财新传媒旗下财新智库
	佛山传媒智库 (2018)		时代传媒旗下时代商学院
	新京报智慧城市研究院 (2019)		网易旗下网易研究局

但无论是何种类型的媒体智库，要实现长远的发展必须要综合利用各类资源，并对数据进行深耕细作，也需要外部力量的持续性"供血"，外部所控制的资源包含政府、企业、高校、研究院所拥有的资源，当前，并非所有媒体都有能力、有必要建设媒体智库，媒体智库的建设要从实际需求出发进行系统性的行业评价之后再推动。

第 六 章
智能媒体的移动应用与 AI 采编

移动化、社交化、智能化是传统媒体转型的主要路径。移动化不等同于 App 端，是与短视频生产密切关联的媒体产品渠道的一次系统性升级，包括产品的形式、结构、产品思维理念等各个方面。媒体的社交化有传播、生产、运营三个层面，其核心都是用户角色的升级，社交化意味着用户成为媒体的渠道、生产力和可沉淀资源。智能化驱动了媒体内容生产的新革命，也带来了媒体生态的深层变化，对于媒体转型中出现的"中央厨房""媒体大脑"、平台化媒体、内容付费等新实践，都与智能媒体的移动应用以及 AI 能力应用有关。

移动化、社交化、智能化成为传统媒体转型的捷径，三者交互影响，相互混融螺旋发展。

一、移动应用的智能化转换与渠道处置升级

移动化是智能媒体发展的主流方向，移动化不是平台与渠道产品的简单搬运，而是媒体产品的系统性升级，既有内容形式，也有产品结构以及产品思维等各方面。当前，智能媒体的移动应用建设重点在开发媒体的客户端上。但 AI 技术支撑下，客户端的市场竞争已近白热化，媒体客户端的发展空间已接天花板上限。澎湃新闻、央视新闻、《人民日报》、浙江新闻、《参考消息》、新华社等主流媒体的 App，在移动客户端市场中与行业或省级媒体有优势，但与网络巨头的 App，如腾讯新闻、今日头条等新媒体客户端相比仍有差距。其原因是媒体新闻客户端的市场卖点、用户关系黏性以及与其他内容产品的关联方面有天生不足与市场弱势。而网络巨头的 App，如腾讯的新闻客户端可在很大程度上得到微信平台的支持，今日头条等客户端则以算法这样的分发技术作卖点，这都比主要靠内容的媒体客户端具有更强的竞争力。

移动化的生产、分发等功能渠道并不只是媒体平台或媒体客户端具备。网络企业商业平台的个性化推送平台、社交平台、服务性平台等也都具备该功能。这些平台与渠道都有可能成为智能媒体内容移动化的新通道。无论是哪种通道，移动化的内容生产，都不只是将媒体原容移动到其他屏幕上，而是一个体系的理论，还需要新的思维支撑。

表 14　媒体的智能化应用的逻辑思维与功能

智能化思维	内涵	功能	形式
垂直化产品思维	在客户端领域的竞争并无优势，在垂直化原创内容领域有突出作用	以社群运营方式深耕垂直内容服务	澎湃新闻的媒体客户端
精准分发思维	受众可获取低成本资讯与信息	使用小屏幕的受众在数字信息时代可以快速找到所需要的内容	借用第三方平台、社交平台或自有客户端
内容与社交的融合思维	移动化可让内容产品增加社交元素和关系黏性，使社交成为内容的生产与传播动力	传统媒体在内容产品里实现内容与社交的深层融合需进一步探索	《成都商报》的"谈资"客户端
场景化传播思维	场景应用思维可给移动内容传播带来新可能	"出行""家居""工作""滴滴""高德"等场景内容的整合显示了产品的扩张力	需数据和技术支撑，多为外援或商业技术公司
产品的结构化思维	移动化为媒体产品链的延伸，使内容、社交、服务等各类产品形成相互支持	媒体向本地服务、电子政务、智慧城市等领域的服务延伸	"长江云"的"新闻+政务+服务"；贵州广电的"互联网+智慧交通云平台"
多种分发平台的整合思维	利用多类型平台，让内容多渠道、多样式分发，获得最优的分发效果	理解分发平台的分发机制与流量逻辑，整合多平台资源提升内容传播效果	媒体要在与分发平台的博弈中争取利益的最大化

（一）智能媒体的移动应用与发展

随着媒介智慧化变革的深入推进，AI 技术与媒体进一步深度融合发展，它几乎参与了媒体工作的全部流程，为媒体内容生产、发布、传播的数字化、高效化、精准化发展带来新可能性。随着媒介融合化、智慧化发展的进一步深入，以 AI 技术为代表的计算机技术的应用也更加娴熟，尤其在内容生产和传播领域，AI 技术的应用不断取得新突破。在"互联网+"背景下，以 AI 为核心的技术浪潮席卷我们生活的各个领域，语音文字识别、智能搜索、大数据推送等技术正在改变内容生产和传播的方式，且在现有媒体基础上，加快了内容的采集、制作、推广的速度，也进一步拓宽了内容的传播频道。

1. AI 技术与媒体技术的融合发展

AI 覆盖智能媒体全流程。融媒体语境下，AI 技术已经应用到媒体的内容生产和传播中，能够及时地获取热点内容、自动地总结热点内容以及精准地推广热点内容，扩充内容的受众群体。主要体现在 AI 技术通过内容识别、收集和大数据推荐等技术能够实现内容之间的互联、生产，并且应用大数据推广等技术，将生产出的内容在网络平台、各大 App 等进行大范围、大批量地推广和传播，加快人们获取到内容的速度。随着 AI 技术的发展，其在融媒体内容生产与传播领域也产生了深刻的影响。如 AI 研究的机器人、语言识别、图像识别、内容采集、算法推荐以及 AI 编辑等重要内容已经大大改善了人们获取内容的数量、质量和媒介，也促使用户真正进入了海量的大数据信息时代，便捷地享用 AI 技术、融媒体、大数据等技术带来的媒体福利。

AI 参与媒体内容全周期。智能媒体的内容的采集、上传、转码、制作、审核、发布，都已有了 AI 的标准化流程，AI 技术已经应用到媒体各个环节，原来媒体靠设备、机器、手机、电脑以及机器人等来完成内容的生产、制作与发布，现在可以完成交给智能媒体了或是网络企业的社交平台了。AI 可以全面完成内容的识别、编辑以及再生产，同时还可以将生产出的内容产品进一步投入到网络与其他媒体或社交平台中，实现内容产品之间的互联和扩充，加快内容资源在整个互联网上的扩张。已经生产的产品再经过不同平台与媒体的独特算法推荐、大数据推荐等 AI 技术实现内容产品的定制发送，自动地、有针对性地发送给受众用户。如中央广播电视总台的"央视频"其 AI 算法服务贯穿了其产品内容的上传、转码、制作、审核等全过程，为规模化、精细化、智能化的内容生产传播提供了全面的 AI 技术支撑[①]。

AI 优化内容产品传播的途径、规模、质量与效率。AI 技术不仅在内容生产和传播的各个阶段都有所应用，而且对于专业领域的影响也具有颠覆性。AI 技术应用到融媒体领域中，融媒体领域的内容生产的数

---

① 靳巾 .5G 新媒体平台 AI 中台的建设与应用 [J]. 现代电视技术，2021（6）:102-107.

量、质量发生了一定程度的变革。传统的内容生产的速度慢，且信息产出途径单一。在 AI 技术的影响下，传统内容生产的途径、规模、质量以及效率都得到极大的提升，生产的模式得到重新定义。内容传播方面，AI 技术已经突破传统的传播理念，产出的内容资源可以自由地流动，不再需要花费大量的人力进行主动的内容传播。此外，AI 技术与大数据技术的协同作用，将用户的个性化需求放在首位，着重满足用户的信息体验，也创造性地实现了信息与用户之间的智能交互。

表 15　部分主流媒体的 AI 平台

媒体	产品	核心功能
《人民日报》	AI 智能编辑部 2.0	云上精编、智能审核、智能海报、多模搜索、一键特写等升级上线 5 大新功能，"看""悟""审"能力再提升
央视网	人工智能编辑部	领袖素材数据库、AI 帮你找、视频数据自动化运营平台等人工智能媒体创新应用产品和智能编辑工具
《宁波日报》	AI 写稿机器人系统——"甬小小"	24 小时不间断工作，自动生成气象稿、预警稿、股市盘点稿件等，智能语音播报及多种场景的智能对话的应答与交互

2. AI 技术在内容生产与传播中的应用

AI 编辑让媒体内容采编高效便捷。在信息高速化的全媒体时代，受众对于内容产品需求有了改变，传统的人工采编方式影响了内容传播的时效性，也影响了传统媒体的内容传播效力。人工智能的应用更是大大拓宽了内容来源的途径，这一点尤以传感器为代表。传感器是一种监测装置，能感受到被监测对象的内容信息，并能将其按一定规律变换成为电信号或其他形式予以输出，以完成内容产品的记录、传输、存储、显示和控制等，从本质上讲传感器是一种收集数据内容的方式。同时，借助人工智能的技术，能够极大提高内容采编的效能，文字、图文、音视频信息，还能够在几秒内迅速生成，这不仅节约了人力成本，也大大提升了内容生产的效能。2020 年两会期间，《人民日报》使用 AI 移动编辑器，把媒体的"看""听""悟""审""查"能力全面赋能报社的

"报刊网端视听微屏"，全媒体矩阵报道两会 [①]。随着人工智能技术的逐渐成熟，过去依靠 PGC 的手工模式，继走向专业生产和 UGC 的 Web2.0 模式后，又将走向 Web3.0 新阶段，算法生成内容模式即高级音频编码（AAC），与 PGC 和 UGC 三者鼎立 [②]。

虚拟主播与内容发布的可视化。全媒体时代，内容可视化不仅有视频配音和虚拟主播播报等手段，还通过 AI 技术的深度参与，内容传播正逐步实现可听、可视、可感，甚至身临其境和人机交互。2018 年，新华社短视频智能生产平台"媒体大脑"设置了多个智能模板，覆盖时政新闻、突发事件、体育赛事，以及时尚娱乐等多个场景和领域内容生产渠道，推动数据的可视化、视频化、自动化。全球首个全仿真智能 AI 主持人"邱小浩"是通过输入文本与输出音频内容的关联，在图像生成引擎中，使用人脸识别、人脸重建、表情建模等技术对人脸表情动作进行机器学习和建模，最终生成 AI 虚拟数字主持人。此后，网络企业社交平台的 AI 主播相继出现，央视、新华社等国家级媒体，以及众多的地方媒体也纷纷试水生产 AI 主播。未来技术的革新，AI 主播还将更加广泛地出现在不同领域，实现互动式双向传播。

内容的 AI 推送与精准定制。智能媒体的"量身定制"的个性化、对象化、差异化内容，其推送服务基于大数据、算法、AI 技术的支持，从而有效获取用户的爱好和需求，实现内容生产和内容的精准推送，AI 技术能够通过用户感兴趣的信息实现有效维持用户的目的。媒体的大数据技术、内容算法等将受众与内容连接起来，将更有针对性的内容产品提供给受众，从而为用户提供"量身定制"的内容服务。AI 技术使得"用户画像"更清晰，可以为用户量身定做内容，传统媒体的"一点对多点"的生产模式将转变为个性化、对象化、差异化的内容生产模式。大

---

① 顾名贵，郝冠南，李璨，等．新技术引领全媒体新闻生产新模式：人民日报社 AI 编辑部 2.0 助力两会报道提质增效 [J]. 中国传媒科技，2021（4）：7-10.

② 梁智勇，郑俊婷．人工智能技术对新闻生产的影响与再造 [J]. 中国记者，2016（11）：72-75.

数据技术可以对受众进行详尽的统计，不同的需求机器人可以在后台实时调整。

3. AI 技术在内容生产与传播中的创新

人机协同、AI 技术与媒体融合，并不能清除人工角色，人工的本质是"人的智慧＋机器智能"，是一种"全量数据＋人机协同"的工作模式。AI 技术虽然模仿人类思维和人类智慧处理、传播内容产品，但仍无法做到完全独立思考。AI 技术虽借助算法、技术设备等收集、生产和传播内容，但计算机语言也并不能完全符合用户需求。因此，仍需要人机结合的内容生产和传播模式，需要人在技术应用上的把控和指引。AI 技术能够改善传统的人工模式下内容生产和传播效率不高的问题，还能够通过大数据技术将符合用户需求和喜好的信息反馈给用户，人工对内容进行分析、研究，并按需推荐给受众，能提升内容生产和传播的效率。

政策引导和环境构建。AI 技术是一个国家创新能力、综合国力的代表，其背后的竞争力涉及业界、学界和政界的多方合作，既需要行业规范，也需要有国家法规。2021 年，国家颁布《广播电视和网络视听"十四五"科技发展规划》，要求加快推进制播体系技术升级，强化智能技术的应用，促进制播流程智能化。AI 技术的行业应用与推广必须要有法律的规划范，为 AI 技术在融媒体内容生产和传播中提供更规范的应用环境，从而确保媒体内容生产和传播的合法性、规范性。

内容核查和隐私保护。AI 技术发展的不断完善，在媒体内容生产与传播中发挥着越来越重要的作用，但技术带来新的潜在问题亟须解决。数据信息安全问题在人工智能时代将进一步凸显。智媒体的个性化推送功能建立在全面数据化、可追踪的用户个人信息基础上，从而助推用户信息成为重要数据资产。由于个人信息进入人工智能处理范围的成本较低，数据信息易被获得和关联，对数据的分析、比对和匹配容易形成对用户的全面追踪，给用户的信息安全、隐私权等带来风险。2021 年，国家颁布了《新一代人工智能伦理规范》。规范解决 AI 技术造成的信息泄露、隐私泄露以及真实性等问题。AI 技术赋能，媒体内容生产速度进一步加快，内容不断丰富，呈现更加多元。媒体传播的效率和精准度也得到了很大的突破发展。未来在国家政策的支持下，AI 技术和媒体技术将进一步释放更大的动能。

（二）移动化视频：在场感 + 新叙事

移动化也意味着传播形式上视频化的兴起。移动视频看上去是电视形式的延伸，但其实它是对电视模式的革新。

1. 移动化时代，让"现场感"变成"在场感"

传统媒体时代，电视的核心优势似乎在于对现场的再现能力，事实上它的兴起却意味着观众对真实现场的一种疏离。在编导的意图、摄像的机位、导播的剪辑等作用之下，电视中的现场变成了精心组织的蒙太奇，变成了对现场元素与信息的一种挑选与再构造过程，而不是还原性呈现。观众与现场的关系也只是基于二维画面的"观看"。而移动时代，用户更多地谋求"进入"到新闻事件现场，体现自己的"在场感"，以自己的主观视角来观察现场。因此，当传统媒体开始将移动视频作为移动产品的新方向时，不仅需要建立平台，也不仅要把视频常态化，更需要追求的是，用新的视角和叙事模式，把那种导致用户与现场分离的"现场感"，变成用户真正的在场感和主角感。

2. 移动"短视频"，少即是多的新叙事

移动时代的视频，更多是利用小屏幕、通过社交平台分享，这就使得短视频必然成为视频内容的一种主流形式，虽然影视剧等长视频内容还会有其市场，但移动新闻资讯将更多地趋向短视频模式。短视频不是将长视频简单切割，它需要重新探索视频的叙事模式，放弃传统电视叙事的某些套路，在四五分钟甚至更短的时间内，聚焦于主题或事件的一个纵切面，以最快的节奏形成视觉高潮，甚至需要在几秒内产生一个能抓住人眼球的视觉亮点。在视频表达中如何理解与应用"少即是多"这

一原则，成为一个新的探索方向。更重要的是，短视频应当是网络文化的一种张扬，而不是电视文化的浓缩，因此，在题材选择、表现角度等方面，它都需要打破传统媒体的思维束缚。

（三）音频媒体的智能应用与发展

智能语音技术因其高密度、高效率、互动性强等特点，成为近年来备受网民关注的 AI 技术，无论是 SIRI 还是讯飞智能语音技术都为网络企业与媒体的发展转型赋能赋效。

1. 音频媒体的智能应用

移动网络、物联网、网络企业社交平台对于 AI 的应用突显了 AI 的能力。2019 年，习近平总书记在讲话时指出，要探索将人工智能运用在新闻采集、生产、分发、接受、反馈中，全面提高舆论引导能力。这加快推动了媒体的融合，也加快了音频媒体的转型发展。

智能语音应用技术。智能语音技术是媒介融合背景下网络企业与媒体平台运用较广的新技术。语言是人类与生俱来的一种能力，相比起文字和其他介质，语音交流密度远高于键盘输入，但有语言与方言的差别。智能语音交互不仅解决语言不通的问题，也解决了键盘输入的阻碍，智能语音技术让机器与人一起"聆听"并"说话"，然后"理解""思考"并"执行""落实"内容要求。目前主要有语音合成、识别、翻译、语言处理等技术。让电脑听、说、理解、思考并执行人的要求与想法，其中语音比其他交互方式更具优势。

智能音频合成技术。语音合成是一种将文字转换为语音并将音频标准流畅地朗读出来的手段。技术所合成的声音可以是模仿某个人的声音，也可以是包含特定风格的声音，甚至掺杂一定的情感成分，如网易、百度、封面 App 中的新闻摘要播报。语音合成系统通常包含前端功能模块和后端功能模块。前端功能模块会将文本中的语言语义信息经过 AI 处理，输入到后端功能模块，最终合成出语音波形。波形拼接法的优点是高质量、高自然度；缺点是需要音频数据库，连续性流畅差、亲和力弱、可控性较差，该技术大多应用于传媒媒体转型期的在线应用。音频数据库则把音频合成技术向前推动了一大步，专业音频公司建立专业音频数据库作为平台模型训练数据，训练完成后，将输入文本、输入模型，经过弹性单元挑选和后处理阶段得到合成语音。其优点是语音的参数轨迹较为平滑和稳定，且能够保证比较自然的音质，大多运用于移动网络 5G 时代。

2. MGC、UGC 助推智能音频传播应用

当前智能音频在网络中广为应用，尤其是各类场景与 App 终端应用更广泛，让受众可以在任何场景听文章文本，还可以听历史人文书籍、国学、诗歌等。MCG 模式更是全面地把智能语音技术用于内容产品或新闻播报中。MGC 可以模仿专业的播音人员、主持人和其他人员，自动将文本转换成高保真音频，并可变速调频，适应用户的个性化收听需求。利用语音合成技术对内容产品进行简短播放。智能已经成为网络企业社交平台和各类 App 音频应用的重要技术。用户可以获得更好的聆听体验。从接受方式来看，"听新闻听书"使得用户更能利用碎片化时间接收信息。2018 年，是主流媒体推广应用智能音频技术的元年，阿里、微软、百度、腾讯、科大讯飞、汉译英等公司分别推出自己的技术与各媒体合作，不仅在网站，还是 App 等能应用的媒体矩阵全面应用。与之相反的是，也可以把各类音频产品、视频产品的音频转换成文字，并且智能音频机器人还可自动编内容产品的摘要与重点，再利用语音合成技术合成 AI 语音。现在受众可以在网站与 App 端内容标题下找"音频播报"等字样就可以直接听而不用去看了。国内各主流媒体也在探索以语音为核心的人机交互链接方向，为用户提供更为便捷的内容产品服务。并在不同领域垂直深耕，提供更加多样态的频道选择，精准定位人群，充分发挥了长尾效应。

UGC 增强音频产品黏性吸纳受众。2019 年，国内音频媒体平台推出各类播客，并向全球征集推广播客。音频媒体的播客为每个用户提供了专属的音频展示平台，同时，音频用户也可以把自己的声音故事与音频作品上传到音频媒体的 App。音频媒体通过网站与 App 端为播客量身定制了多个音频主题栏目，收集网友的正能量声音与独特个性的音频产品；音频媒体也根据大数据与 AI 技术适时推出一些互动活动吸纳用户拉流量，如"我和我的祖国""与共和国同龄"等活动，吸纳更多高品质播客入驻平台。主流音频媒体与网络企业社交平台的合作也为音频 UGC 用户营造了好的产品生产传播环境。如媒体与喜马拉雅、荔枝 FM 等平台开设专栏来进一步提高用户上传音频的影响力；商业音频媒体也纷纷与国家级音频媒体如"云听"开展合作生产，推出一些产品甚至是 UGC 培训计划，让用户完成从"业余"到"专业"的能力水平过渡。随着 AI 技术的迭代与广泛运用，音频媒体将 AI 语音合成技术应用于其他行业与产业，如虚拟主机播放、视频动画配音、MR 视频、互动 H5 等内容产品场景，使音频和视频达到有机结合。促进智能语音技术与其他 AI 技术一体化，力求突破媒体自身内容生产的局限，如全息影像的探索与应用。

3. 智能语音应用问题与创新

AI 语音技术为媒体、家居、车联等行业的发展提供了更多的可能性，但问题很明显。一是交互性能有待提升。目前，各类主流媒体的移动 App 端，应用智能语音技术大多停留在语音合成技术阶段，重点在用户端与 PC 端的听读功能等应用，智能语音技术功能开发运用较少，互动性不强，不利于媒体和用户之间的连接；车联网、物联网的应用则显得较为突出，尤其强调文字内容的语音转换。因此影响了媒体的商业推广与付费产品的运用，线下活动也相对受阻。二是情感特色较弱。智能语音合成技术产品的内容，是一种机械算法与机器学习之后的产品合成，情感色彩无法完全拟人化。当前一些区域音频媒体也采用了方言与地方口语，起到了一定作用，但仍相对受限，无法达到真实主播的声音效果，语音的情感合成需要满足算法、算力和数据三要素，还需要进一步探索，把 AI 音频的强大的情感识别功能开发运用出来，推动产业化规模运用。三是应用思维窄化。网络企业社交平台与主流媒体对于 AI 能力的应用偏重视觉效果，尤其强调短视频的应用，忽视了大量的听觉用户需求与感受，大多将智能语音技术作为其营造视听效果的辅助，将更多精力投入到了吸引年轻用户的视觉产品消费上，停留于智能语音技术的"读与播"的应用，并未真正构建智能语音生态。

音频智能应用的探索创新。一是拓宽全流程技术应用。全方位运用智能语音的语音识别、合成、检测、唤醒、自然语言理解、对话、自然语言生成等多各项功能，媒体的语音应用既要体现受众消费、内容生产等层面，也要各终端、各环节全面运用智能语音交互技术。如语音跟读、重复练习等长尾用户的应用方面，让用户在听的同时，可以满足自己播报内容产品的爱好，让受众用自己的声音播报或读内容产品，可提升用户的使用黏性。此外，各社交平台将语音识别技术用于内容产品的生产环节，大量使用语音转化为文本的技术，是让机器理解人类语音的重要技术，也是最能体现人与媒体进行交互的渠道。近几年，科大讯飞技术的应用，实现了智能速记、翻译、文本语音互转，提高了工作效率，吸纳了更多的用户与流量。

二是强化场景沉浸式体验。社交平台与媒体作为内容产品的提供商，创新了智能语音技术应用场景，开发新的市场空间与盈利点；如虚拟人物的语音或是已故人物的声音产品等多重角色的开发，扩充声音数据库；还可以定制专属形象实行 IP 运营。让用户能听到内容产品的"温度"。此外，开发车联网、物联网的内容播报系统，也可以在激烈的网络竞争中吸引用户。三是重视内容资源建设。内容为王是音频媒体的内容生产的核心能力，做精做透内容、细分用户、占领长尾用户市场是音频媒体创新发展的重点。要优化技术应用思维，推动内容产品与智能语音技术的深度融合，逐步深入自然语言的交互，实现科技与人文的高度协同，积极探索其他智能语音技术的应用模式。

二、移动应用的社交功能 AI 化

（一）用户角色的移动 AI 应用

媒体社交化目前主要表现在"两微一端"的运营，即社交化传播、生产、运营三个层面。

1. 让用户成为渠道的社交化内容传播

社交化传播的目标是利用社交平台来扩张内容的影响力，其本质是让用户被激活为传播渠道，网络需为内容和用户注入社交动力，即内容要满足用户的认知欲并帮助用户在社交圈中提升用户的社交形象，活跃社交热度。当前主流媒体已全面进驻社交平台，也得到了网民的认可，一些地方媒体也依托社交平台实现了影响力延伸。社交平台也从另一方面促进了时政内容生产力的释放。过去被认为冷冰冰、硬邦邦的时政内容，在社交平台上以新面目出现。解释性、评论性的内容，让时政进一步出现在微信公众号、今日头条等平台上，时政内容在社交平台被唤起的新生命力表明：严肃新闻向深层开掘，具有极大的潜力。同时，语态变革也意味着传统媒体试图跨越新老媒体间的文化隔阂，但仅靠表层的语态变化，仍然难以持续赢得用户的共鸣。

2. 让用户成为新生产力的社交化内容与资源

媒体对社交平台的深层利用，是将用户作为新生产力嵌入到媒体的生产系统中。用户自发生产的内容中存在大量可为媒体使用的资源，挖掘与利用这些资源的，可提升媒体的内容生产能力。当前，网络企业商业平台或专业媒体在运用 UGC 模式让用户参与内容生产，但品质良莠不齐，于是媒体建立了 UGC 内容的判断与鉴别、评奖机制，并以此为基础，建立起专业力量与业余力量的协同机制。用户的行为、情绪、态度等数据，都是媒体报道的重要资源，媒体也可以进一步用好这一社交化传播力。

让用户沉淀为持久资源的社交化运营。媒体通过自身的商业运营实

134

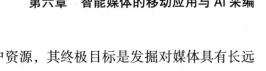

现了内容的传播，盘活了用户资源，其终极目标是发掘对媒体具有长远价值的用户及其资源并进行持续的维护，以此来拓展媒体的内容品牌影响力，开发可能的营利模式，形成用户黏性。

（二）智能媒体的产业消费与圈层化

网络用户的圈层化是指在关系、文化、技术维度下的聚合与群分，网络赋予了人们重构关系圈的能力，用户的利益诉求、态度立场、行为模式等会受到其所在的各种圈子的影响。

1. 网络与平台、圈层、社区、群体

圈层是以情感、利益、兴趣等维系的具有特定关系模式的人群聚合。其特点体现为圈层成员构成的社会网络结构的特殊性，圈层结构的群体中心性往往很高，圈层关系既亲密又有一定的权力地位不平等性，关系持续很久，社会网密度很大。圈层早期多应用于传统社会中血缘、业缘圈社会群体，如以自我为中心的圈子，以及组织或行业中的圈层等。网络时代，一般是指社会成员基于不同缘由，以社会关系的远近亲疏作为衡量标准，通过互联网媒介平台集聚与互动，所建立并维系的一个社会关系网络。网络中不同类型的圈层形成不同社区。不同类型的网络圈子形成的机制不同，形成关系强度高、存在权力地位的不平等、圈内圈外有别等特征，而社区则是网络中人群汇聚的地方，网络社区强调的是空间的边界，但社区中人的关系模式可能是多样的。圈层不一定局限于某一特定空间，但其成员的利益诉求、文化特征或行为模式等会有相似之处。网络圈层与网络社区、群体等有着相似性或交集。

2. 社会圈层与网络圈层、社区群体的资本枢纽联结

现实圈层与网络圈层的关系其实质是资本的作用与联结。网络圈层重构社会圈层，现实圈层是以自我或某权威个体为中心的。费孝通认为，中国传统的社会圈层，像把一块石头丢在水面上所发生的一圈圈推出去的波纹，每个人都是他社会影响所推出去的圈子的中心，彼此相关联。网络时代，随着强关系社交平台的发展，网络与商业平台、社交平台使个体在关系圈拥有更多的自主性。传统社会中以个体为中心的关系圈层，在网络中多是以社交平台朋友圈的形式出现的，个体可以根据需要构建多种类型的圈子。平台、分组、互动方式、互动频率等，可以揭示出关系的远近。社交平台的好友管理等功能，个体也可以对自己圈子中的关系进行权衡，对不同对象用不同策略进行关系管理与互动。反过来网络圈层也为跨越组织、地域的协会、学会提供了更为紧密的网络圈层，让其形成网络圈层，加剧行业内部的割据与分裂，以微信群等封闭社区的方式，使得组织中圈子以资源分配者为中心：谁拥有权力，谁分配资源，谁就成为圈子的中心。网络平台的社区群体或圈层可增加成员间的互动频率与强度，会强化同质性与从众性，人们的自由意志与个人意愿被抑制。

圈层的建构其核心因素与社会资本关联，个体通过圈层的合作行动来增进社会的公共利益。网络圈层有助于圈子层员互动、联络感情、相互了解与建立互信，给成员带来归属感甚至阶层感，从而产生共同的利益互惠目标并带来更多的社会资本。相比现实社会，网络圈层使得人们可以对于社会资本的投入或回报进行更好的控制。用户在参与社会资讯与信息、资源交换时，充分考虑关系中相对于成本的收益，以获得更多的认可、名声与负面的社会效应。总之，要将公共利益和福祉作为圈层、社群的重要目标，超越圈层封闭的群体聚合模式，才能最终实现媒体智能传播的目标与诉求。

3. 技术产品圈层及其分化

在网络中，每种具体的技术或产品（应用）本身也可以造成不同的社会圈子。媒体产品也有自己特定的讯息。由于存在用户定位、支持技术、性能、使用方式、界面设计、互动规则、运营模式、产品营销以及文化认同等，不同的产品会吸引不同类型的人群，也会形成一定的圈层。媒体产品圈层里还会有很多的小圈层。从用户方面来看，同样喜欢某一新媒体平台圈层的人，对于平台里不同的渠道又有不同的倾向，即便共同喜欢同一渠道的圈层的人，对于不同的媒体栏目爱好程度又不同。在大众普遍使用微信的时代，知乎、豆瓣等逐渐成为具有精英、文艺标签的小圈层；而同为短视频平台的快手和抖音因调性不同而成为不同圈层；拼多多、美团则成为下沉市场的圈层用户群体。当被打上网络企业平台或媒体产品的标签时，其产品就成为一个圈层，也就具有了层级差异。媒介技术产品本身对圈层的区隔作用，网络技术的多样化、应用的多元化，使得技术在用户产品圈层中的隔离越来越明显，作用权重也在不断增加。网络用户在关系、文化、技术三种力量的共同作用下，人们会被各种不同的圈子所"圈"住，人们的利益诉求、态度立场、行为模式等，会受到他们所在的各种圈子的影响。

（三）智能化移动应用的内容变革与发展

数据分析技术、人工智能技术、物联网技术等智能技术驱动传统媒体转型布局。

1. 内容生产：智能技术驱动媒体底层革命

传统媒体内容生产的底层支持力量是人的经验；智能媒体时代，AI 技术则成为内容生产的一种新的底层支持，AI 不会完全取代人的经验，但其能从根本上改变媒体的生产模式与生产系统，驱动内容生产的革命。在媒体的选题、信息采集、信息加工等内容生产的各个环节，智能化技术都在进入。《人民日报》的"中央厨房"、《浙江日报》的"媒立方"、封面新闻的"蜂巢"系统等全媒体平台的打造，集成了智能化信息采集和加工技术的机械化写作等技术，均体现了智能化思维，主要体现在以下几个方面：一是物联网与传感技术的应用。智能化的内容生产离不开全方位的数据采集，数据采集主要来自人的活动领域，物联网与人体的可穿戴技术可以为社会环境的监测提供全天候、多方位的数据，为媒体资讯选题的发现、关键要素的揭示、规律与趋势的判断，提供数据资源；二是语音数据的采集与文字转化。智能语音识别技术，国内的讯飞语音技术的快速发展并进入实用阶段，提升了媒体应用语音数据的能力；同时，讯飞的多语言数据采集与实时翻译 AI 技术，进一步拓展媒体的内容资源，使媒体的触角可以真正延伸到世界的各个角落；三是社交机器人的写作、编辑与采访。AI 赋能社交机器人，尤其是在内容分发、自动写作、影视频编辑等领域，目前已涉猎数据自动生存与采访领域，通过与个体用户的个性化交互实现个性化采访，将采访数据通过 AI 算法汇总为数据结果，从而自动写稿与制作；四是现场要素的智能识别，通过图像和音视频的智能识别技术，对现场的一些关键要素进行自动识别或判断，补充了人的采访能力不足问题；五是专题的智能化生成，移动时代的碎片化传播，需要好的内容资源整合方式。AI 技术可支持收集某些话题的关键信息，并自动整合为结构化的内容；六是事实核查的 AI 支持，用其他的数据与算法来核实与验证事实。

2. 智能化应用促使媒体内容生产系统部分外迁

传统媒体的生产系统都在媒体内部，当前，网络企业商业平台凭借 AI 技术，依托其渠道与平台对专业媒体的内容进行智能化二次生产、再次分发与传播。让专业媒体的内容在"智能化"的包装下分发传播到其用户与受众手中。一是内容生产者的"技术嵌入"。主要是内容的采编人员与技术人员沟通、合作，把内容的话语权让渡给技术人员；二是技术角色权力上升，技术人员将从内容制作的辅助者，变成内容资源的分析者、内容生产的重要成员、内容分发的核心支持，技术人员在媒体内部的权力会不断上升；三是内容运营者形成商业模式，网络企业商业平台为内容选择更适合的分发渠道与平台，在内容的扩散中提供支持，同时也成为用户资源的维护者。AI 技术已成为媒体发展的底层驱动力，在人机协同的新思维下探索新生产模式，使人与机器实现相互补充与相互校正，以提升媒体内容生产的专业度。

3. 智能技术深层改变媒体分发及生态

智能化生产给媒体的专业度提升带来了新可能，但另一方面，智能化分发技术却在削弱传统媒体在内容分发方面的话语权。智能化分发技术是在媒体之外出现的，拥有技术敏感与技术能力的新技术公司最先推出了个性化分发的资讯客户端。凭借其分发的高效率，个性化分发平台吸引了一部分因信息过载而疲惫的用户，也迎合了一些用户个性化的阅读需求，因而迅速在市场中立足。尽管今天的个性化分发平台仍存在各种问题，但它们正在改变传媒业的格局，这已是一个不争的事实。

从长远来看，尽管智能化分发并不是唯一选择，但它必然是内容分发的一个主要方向。智能化分发也会和社交化分发融合，这将进一步改变内容传播的模式。智能化分发与智能化内容生产的界限会变得模糊，分发为内容生产提供即时的反馈与优化，为内容生产"精确制导"，这些都将成为可能。但是智能分发平台无疑会对传统媒体的自有分发渠道形成冲击，也会迫使媒体向它们集中，媒体这些内容生产者在分发平台中会在一定程度上成为"弱势群体"。尽管这是媒体难以接受的一个事实，但是，智能化时代，以分发技术为代表的智能技术，的确在深层影响传媒业生态，这种影响比当年门户的影响更为深远。

第 七 章
视听媒体平台的商业化拓展与创新

　　智能化技术在媒体行业的应用，将从信息采集、加工、整合、核查与判断、协同生产和内容分发等各方面带来新生产力，多线程增强生产能力。新生产力下，内容市场和生产关系等也会发生变化，但新生产力的引入并不必然等于生产效率的提升，生产力的提升也不必然意味着一个更好的传媒业。面对技术带来的各种可能性，我们也需要有对风险的更明确判断与警惕，信息减法、数据伦理、算法伦理、连接克制、人机协同等原则与伦理，对于智能生产力的安全释放，具有重要意义。

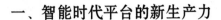

一、智能时代平台的新生产力

媒体的 AI 技术应用，带来生产与分发模式变革，造就新的生产力，也给内容产业带来深层影响。但面对技术带来的各种可能性，我们需要有对风险的更明确判断与警惕。

（一）智媒时代平台新生产力的多线程作用

智能媒体很难用新技术处理海量的内容产品，因此，AI 技术的综合应用显得极为重要。

1. 内容采集从"人"到"物"的多层面贯穿

当前，智能媒体内容采集涉及面越来越广，AI 赋能主要体现在两方面：一是赋能个体，拓展内容资源的采集边界。在车联网、物联网的助推下，搭载智能设备和传感器的智能化物体将作为数据的采集者、传递者甚至加工者，成为内容生产全新的信息源。智能设备和传感器的 AI 能力延伸个体的感官功能，AI 设备获得了更强的信息获取与判断能力。同时，智能设备、传感器等数据也可以更好地分析研究人的行为与状态、人所处的社会环境等。二是用虚拟技术增强现场场景感。近几年广泛运用的 VR/AR/MR 技术，是在现实景物上增加虚拟的影像，实现数字世界与现实世界的相互补充与增强，虚拟世界的数据正在成为现实世界的映射与延伸，虚拟世界的数据并不是内容产品的核心，而是把虚拟描述的方式，把媒体无法采集的内容展现出来，从更多侧面勾画个体、群体与社会。智能媒体把现实世界数据和虚拟世界数据融为一体，丰富内容产品的视角与内容。显然，虚拟世界的数据不应成为人的采访信息的替代，新闻记者在现场的到达与观察，仍然是不可缺少的。

内容数据方面的 AI 赋能主要有：一是基于大数据技术的用户平台信息采集；二是基于传感器的信息采集与加工；三是基于目标对象的智能识别与数据采集，这几种 AI 技术可以帮助人快速识别某些对象并进行相关信息采集，当前表现最突出的是智能眼镜的运用。2014 年，"谷歌眼镜"用于两会期间的采访；智能 AR 眼镜现身 2019 年两会；此后，新华社的"媒体大脑"把上千个摄像头和数以万计的传感器作为其内容来源，帮助媒体在海量的新闻图片、视频中，精确定位特定人员、识别人物，构建图像中人物的关系图谱。

2. 智能媒体移动生产新模式：全媒体贯通 + 挖掘力提升 + 新文本模式

内容的自动化移动生产是智能媒体的典型应用。未来不可限量。

自动化内容生产的全媒体贯通。文字内容产品的智能化写作与制作在网络企业社交平台与国家级主流媒体中已形成常态化使用，无论是腾讯的 Dreamwriter，还是微软的"小冰"等。批量化的自动写作与制作当下在股市、突发事件中运用较多，可以快速实时生成内容产品，一定程度解决人力不足的问题。近期，在图片方面，智能拍摄、智能优化、智能配图甚至图片的智能化合成、视频的自动拍摄与制作等方面应用已极为成熟。随着移动视频市场需求的迸发，与视频生产相关的智能化应用 AI 技术开发成为应用的重点，其解决了图片的短视频化、视频集锦生成、行业视频、活动视频的自动生产、数据视频智能化制作发布问题，包括自动字幕生成、视频封面的智能化生成、智能编目等工作。2017 年 12 月，新华社发布了首条 2 分 08 秒的全部由视频机器人制作 MGC 视频新闻，只用了 10.3 秒。此后，"世界杯"、世界互联网大会等活动中，大量运用机器人拍摄制作的视频。2018 年之后，新华社相继推出不同性别的虚拟主播，从而可以让视频内容产品，随时播出，不受场地与人物的限制。当下，视频内容的智能化技术还在不断地迭代中，未来可期。

智能化机器劳动代替劳动密集型产业。智能化内容生产初期主要是在探求通过机器的力量来代替人力完成那些劳动密集型内容生产与加工。目前这一形态在车联网、物联网已广泛应用。AI 技术的目标是要借助机器力量来进行数据与内容的深度挖掘，让机器具备人的分析力、预测力、提炼力等。用智能技术赋能机器人，分析解读内容产品的背景、事物关系、知识图谱等深层含义；预测事物的发展趋势与走向；提炼零散、表面的现象与数据，寻找深层规律，找到知识与内容产品的内在规律与特征，让内容产品向知识产品转化，并进入付费行列。

智能化加工驱动的新文本与优化模式。智能化信息加工能力，也会在内容的文本层面带来一些变化与新特征，如对以文本为主的智能化的数据采集和分析能力，可扩张新闻背景的广度与深度，增强背景在文本中的分量。又如可从新特定人物出发，快速生成其关系图谱与背景资料，增强内容的阐释力，甚至可从关系图谱中分析更多的内容素材。而对于那些图文、音视频内容，需要深度分析与分类处理。除了以上几类文本类型外。智能化处理的过程是贯穿于内容生产全过程、全环节的，并且可以自我升级迭代。并且可以优化与之关联的业务与产业，如内容产品的模板风格优化、路径优化等；还可借助传感设备、可穿戴设备实时呈现数据，形成更长的内容产品链条，让内容产品进一步增值。

3. 信息整合力增强：拯救碎片化内容产品

无论是内容生产者还是消费者，都受到海量、碎片信息的困扰。而机器的海量信息搜索能力和智能分析能力，可为碎片内容的整合提供新可能。一是全媒体的智能组合，智能化技术已经可以自动寻找适合文字的配发图片，并根据内容自动提供配图。未来的智能配发图片，不仅仅从内容匹配度，还可以从用户阅读心理需要匹配；二是专题的智能化聚合，专题是解决信息碎片化的一种重要模式，一度也是新闻网站竞争的重要手段。主要是用户阅读终端和模式发生变化，投入产出不成正比。智能化技术可以为内容产品专题的生产提供更高效、低成本的方式。2017 年"双十一"期间，阿里巴巴的"鹿班"系统生成了 4 亿张海报，每秒生产 8000 张，海报也是信息集成的一种形式，类似思路推广到内容产品专题也应是可行的。

4. 核查与判断力增强：新"把关者" + 新机制

移动时代，虚假信息和不良信息数量激增，信息核查与判断的任务也变得更为艰巨，智能化技术在信息核查的某些方面优于人，成为一种新的"把关者"。一是以人机协同交互方式核查清除虚假信息、不良信息。如对内容产品的来源分析,判断内容产品的可靠性或质量。而智能技术的数据处理能力,可以大大提高核查的广度与效率。二是语义分析与模式识别,通过对文本语义分析或对声音、图像中的一些模式特征的识别来发现虚假信息或不良信息,虚假信息和不良信息多数有一些特定的关键词、表达模式或声音、图像特征等,机器可以快速识别这些特征,虽然机器可能出现误判,有害信息的文本特征也会不断变化,但通过人工的辅助,以及机器的不断学习,未来的分析与识别准确度会不断提升。三是交叉验证,对与同一对象相关的不同来源的信息进行交叉核实,也是信息核查的一种重要方式。传统媒体通常需要对新闻进行"多源求证",这一思路同样可以延伸到机器的审核中。四是演变跟踪:对一条信息从产生到传播到变异的过程进行跟踪分析,机器 AI 审核的特长,这不仅可以帮助人更好地判断信息源头,也可以发现带来信息变异的那些关键节点以及信息发生的改变。

5. 协同力增强:内容产品的分布式生产

内容生产将越来越走向分布式、协同化,智能技术则可以提升不同生产主体之间的协同能力。专业化生产内容与用户生产的内容,两者在今天缺一不可,很多时候,它们相互补充,有助于更完整全面地反映客观世界。但如何将不同来源的相关信息整合在一起,在今天仍然是一个难题,而智能化协同平台将是解决这一问题的重要手段,这样的协同平台可能更多地存在于"云端",而非媒体内部系统中。区块链为协同生产提供更具信用保障的新模式。区块链作为分布式数据库,通过去中心化的方式,让参与者集体维护数据库,每个参与节点都是平等的,都保存着整个数据库,在任何一个节点写入 / 读取数据,都会同步到所有节点,但单一节点无法篡改任何一个记录。它是分布式数据存储、点对点传输、共识机制、加密算法等计算机技术的综合应用模式。区块链主要解决的是交易的信任和安全问题。而在内容产品生产领域,通过区块链方式，可以让每个生产者提供的内容都被所有节点保存下来，且内容产品生产过程全程可溯源、内容永久记录，在传播过程中如内容被篡改很容易被发现，如果出现假内容产品，也容易追踪，这也对假内容的制造者形成约束。它的去中心化模式也可以推动协同生产、编辑与审核，在开放中维护内容质量。

6. 分发力增强：多维坐标关联内容与人

智能化算法分发，主要解决的是人与内容的关联问题，未来，用户所处的关系和场景也将是核心的关联维度。

增强算法的"个性化算力"。除准确定位用户当下需求外，还需要向两个维度拓展：一是可预测需求的自然转化方向。人们的需求会有自然的变化过程、外部环境的变化、个人状态变化等，都可能导致用户信息阅读的偏好等发生一定的转移。算法需要能预测人们需求的转化方向，并适时作出调整。二是人工激发新需求。用户的阅读总是偏向个人兴趣的，但一些他们忽略的公共性的话题，能帮助他们了解更广阔的世界，算法不仅要满足个性化需求，也要引导用户关注公共事务，激发他们对公共信息的兴趣。此外，从破解信息茧房角度看，算法也需要通过对用户阅读线索与逻辑的深层了解，激发出他们的新兴趣、新需求。

增强算法的"关系能力"。要重点关注三种关系的算法，一是社交关系算法，即用户在不同平台上的社交圈。社交圈意味着或直接、或间接的社会交往，很多社交圈中的关系也是现实生活中的关系。人们的信息消费往往与社交圈中的形象管理相关。让人们在社交圈获得更多的存在感、塑造更好的社交形象，是内容分发中需要兼顾的问题。二是社群归属关系算法，分散在不同网络空间里的人，可能有着相同的志趣、相同的文化特征，他们可能归属于同一类文化社群。算法应该有助于人们发现自己的同道人，并与其产生广泛的关联与互动。三是社会归属关系算法，个性化时代，仍然要社会整合，也要通过算法让个体与整个社会产生更多的联系，促进他们对公共议题的关注，参与公共对话、公共行

动，增强他们的社会归属感。

增强算法的"场景能力"。未来，场景也会成为智能分发的主要参考维度。构成场景的要素主要包括，空间与环境、用户实时状态、用户生活惯性、社交氛围等。人们在一个特定场景下，会有共性的行为特征，也会有个性化的需求。这些都是场景分析的算法需要解决的问题。算法分发，不仅可以为不同场景下的用户提供更精准的内容匹配，也可以为服务和商业模式的开发提供新可能。目前的算法，对于空间这一场景要素有所涉及，但应用还不够充分，而其他要素则基本还未考虑，未来的"场景"研究与应用还有待深化。而从空间环境角度看，未来的智能家居、智能汽车，将会是信息分发的重要场景，媒体也需要及早进入到这些新场景的开发中。

（二）智能平台的 AI 能力与内容创新

除了在内容生产各环节、各线程上带来新生产力外，智能化应用也会在更深层面上驱动内容市场与行业的变革。

1. 新生产力驱动的内容市场变化

内容产品覆盖了"头部"与"长尾"市场。传统媒体的内容生产，主要关注用户的"头部"需求，而智能媒体则可多方兼顾，既有"头部"也可兼顾小众爱好与长尾需求。精准化生产力增强，将推动定制化生产规模化。AI 技术为面向特定对象的定制化内容生产提供了支持，未来，定制化生产或将走向规模化。部分服务平台将向泛资讯平台发展，内容分发渠道进一步扩张。智能时代，网络企业商业平台转身变为内容分发平台，进入专业媒体涉足少的边缘地带。"资讯"内涵、外延扩张，泛资讯内容争夺用户注意力。新的分发平台，也会带来内容边界的模糊，传统意义上的一些非资讯内容，在今天成了"泛资讯内容"，它们会与资讯内容一起分享用户的时间，争夺注意力的竞争会进一步加剧。新技术拓展新路径，营利模式多元化。深层的数据开发和智能化技术可以为媒体拓展营利模式与思路。

媒体机构布局短视频平台的三种模式。短视频时代，在"两微一端"与短视频平台双重压力下，媒体一方面在自建 App 内增设视频频道；另一方面在网络企业商业平台开设视频号，有三种代表模式，一是四川观察模式。四川广播电视台以抖音"四川观察"媒体号实现电视媒体"轻骑兵突围"，运营路线活泼生动，截至 2021 年初，该账号成抖音的"头部媒体"，有 4 423.8 万粉丝。二是湖南娱乐模式。湖南娱乐率先以 MCN 机构的 DramaTV 切入短视频领域破圈发展。截至 2020 年年中，湖南娱乐 MCN 的抖音单平台粉丝超过 2.2 亿，签约达人 300 多个，账号总播放量达到了 549 亿，位列广电 MCN 第一。而湖南娱乐官方抖音号粉丝数仅 1 000 万。三是观察者网模式。以新闻时事评议"UP 视频模式"入驻户 B 站，在年轻人群体中产生了很大影响力。

内容产品从平台化到智能化的发展。近年来，各类自媒体账号和社交网络，把生活里的一切都发布到平台上。重点新闻网站，或者说主流媒体纷纷开通官方微信、微博等账号，充分利用各类平台，不同的平台其商业模式各不相同。未来，传感器、可穿戴设备等新形态的终端也会出现。抖音、淘宝、京东等所属公司在充分运用大数据方面，处在智能化时代的初创阶段。随着科技进一步发展，各项功能的完善，特别是大数据的积累，可能会更快推动智能化的发展。互联网向生产领域延伸，包括向工业制造业、农业以及新型服务业延伸，是其重要特点。

2. 新生产力推动生产关系重构

新生产力也会带来生产关系的变革，原来以内容生产者为中心、生产者自己掌控内容分发渠道的旧有体系被打破，信息源、内容生产者、分发者与用户之间形成了一种新的结构体系，这也会带来权力关系的变化。进入社会化媒体和移动时代，作为内容生产者的传统媒体，已经感受到了来自分发平台的"分权"，在智能化时代，媒体中心地位还会受到进一步冲击，除了分发之外，数据采集与分析、智能化加工中那些高度依赖技术的环节，也都有可能部分转移到媒体之外，媒体对于这些技术拥有者会产生一定依赖。即使媒体可以通过内部技术力量的加强来减少外部力量的制约，但智能化时代也是一个高度分工合作的时代，完全封闭的系统难以适应这一时代需求，开放的媒体才有可能获得更多新机会。这也意味着，技术拥有者的权力将上升。平台等分发技术的控制者已经在内容产业方面获得重要话语权，未来，更多的技术拥有者将成为内容产业必不可少的组成部分，进一步对内容生产者形成影响。信息源在内容产业体系中，其地位也会上升，特别是在用户数据、物联网数据等传统媒体相对较少触及的数据领域，新的数据拥有者可能会对媒体形成钳制。另一个值得关注的动向是信息源的媒体化。过去作为媒体信息来源的一些机构或平台，可能通过智能技术和各种新平台，直接向用户推送信息，它们将成为新型媒体，这一方面意味着媒体的信息源减少，另一方面意味着媒体的竞争对手增加。曾经仅以单一消费者身份出现的用户，不仅成了产销者，在内容生产中有更多贡献，更会成为集生产、传播与消费于一体的节点。在智能化生产与分发的算法中，用户节点的权重也会上升，用户会对内容的流向与流量起更大的作用。

智能化时代行业边界消失，多种力量融合又形成新的分工，媒体这样的专业内容生产者虽然不可替代，但它们必须面对一个新的权力格局，如何继续保持自己的地位，如何在与其他力量博弈中赢得更多话语权，将是对它们长期的考验。

媒体融合发展使智能内容生产场域逐步由编辑部、技术部向内容生产平台让渡，集成人工智能技术的内容生产平台潜能进一步扩张，平台化的内容生产勾勒了未来融合媒体的内容生产图景。在这一趋势下，智能内容生产平台的可供性可进一步细化为可创作力、可加工力、可转换力及可理解力等四种可供力，从而对媒介融合、媒介行为、媒介关系等方面产生影响。

近年来人工智能谱系被建构，人机共生、自我进化的智能媒体时代正在到来。

3. 平台智能生产能力的拓展与创新

内容生产在智能传播时代的破壁意味着平台智能生产能力的延展，主要体现在数字创新能力、制作应用能力、转换叙事能力、阐释表现能力、资源整合能力、数据算法能力等六种能力上。此外，平台与用户之间密切的二元互动关系，也使得用户以使用平台生产内容来完成生产能力的拓展与创新。

智媒时代以物联网作为智能传播的基础设施，以大数据构成整个生产要素，用移动计算优化资源的有效配置，机器学习在这一过程中加速了智能化的进程[①]。传媒技术经历了从数字域到智能域的升级。以 AI 技术为驱动的内容生产路向已悄然发生跃迁，平台化的智能内容生产开始崛起。平台化是指以顺应互联网作为社会基础连接的整体形势为前提，采用符合互联网传播规律的组织方式和技术手段重构主流媒体的制度体系和技术设施，通过"互联网 +"实现产品和服务的多样化拓展[②]。自然语言处理、计算机视觉等人工智能技术在互联网构筑的框架下改变了传统内容生产格局，集成人工智能技术的内容生产平台逐步走向台前。

智能内容生产平台具备符合"更懂得人类需求"的智能化特性，又具备技术的媒介化表征。因此可以将其定义为具有信息传播渠道的或具有数据管理和处理能力的机构利用互联网技术、人工智能技术打造的，用于进行策划、采集、创作、编辑、管理、分发、审核、监控等一种或多种内容处理形式的拟人化、智慧化信息服务平台。它不仅可以助力内容生产者管理传媒内容，平台的技术可嵌入性特征使其具备了可塑性与延展性，可以辅助构建虚拟主播播报、机器人新闻等多种人工智能传媒产品，并将其通过基于融合算法的智能分发平台推向用户。

---

① 刘庆振. 媒介融合新业态：智能媒体时代的媒介产业重构 [J]. 编辑之友，2017（2）：70-75.

② 宋建武，陈璐颖. 建设区域性生态级媒体平台：打造新型主流媒体的路径探索 [J]. 新闻与写作，2016（1）：4-12.

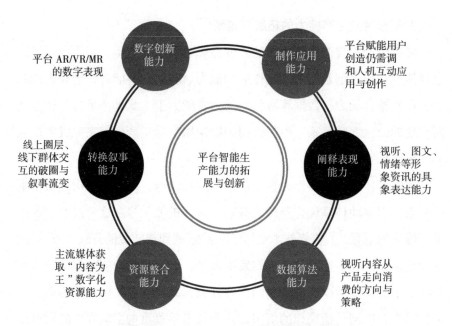

图 18　平台智能生产能力的拓展与创新

创新应用能力：平台赋能用户创造仍需调和人机互动应用与创作。智能内容生产平台的创新应用能力是其生产可供性的首要特征，主要是指可视听素材的编辑能力，侧重于以人为主体进行素材编辑制作，但智能化的平台已具有高度自主性，平台创新应用能力在可编辑基础上，着重于脱离人的艺术创作而不是流程化"制作"，AI 可独立地进行"创作"，而不是机械地调取现有的数据或内容[1]。同时，智能内容生产平台可创作力也具有两面性：一方面是内容丰富，成本低，产品流转快；另一方面是智能内容生产平台不能解决人内心最需要的东西——审美形式的外化[2]，需寻找智能内容生产平台与人的平衡。

数字制作能力：平台 AR/VR/MR 的数字表现。数字制作能力是指智能内容生产平台可对内容素材进行深度加工并重塑内容价值的能力。智能内容生产平台对于文字内容的制作能力已无可置疑，复杂的则是影像

---

① 袁真富. 人工智能作品的版权归属问题研究 [J]. 科技与出版，2018（7）：103-112.

② 黄力之. 对人工智能（AI）"侵入"审美的理论反思 [J].

加工能力，主要是 AR/VR/MR 数字表现能力，尤其是视频增强现实、虚拟现实、混合现实能力，创制新的视觉叙事方式，同时也是社会文化的影像投射方式。智能内容生产平台的可加工力不仅完成了文本的智能校验，同时也帮助人完成了还原、美化、改造自然夙愿的虚拟实现。

　　转换叙事能力：线上圈层、线下群体交互的破圈与叙事流变。智能内容生产平台可将相异形态的内容进行转换，在内容生产流程中，为拓展叙事方式，给予用户更生动便捷的信息获取体验，往往存在不同形态的传媒内容的动态转换需求；机器翻译平台使不同国家、不同文化的主体可以更顺畅地沟通；AR/VR/MR 内容制作平台支持将文字、图像、视频等信息转化为立体可互动、具有沉浸体验的可视化方式。智能内容生产平台的可转换力使不同形态的内容在人与平台的互动关系中完成了使用价值互换。

　　阐释表现能力：视听、图文、情绪等形象资讯的具象表达能力。现代高新技术语境下，智能内容平台取代了人的身心，再造了感知和理解能力，智能视听的"意识"会根据用户的态度、喜好和价值观偏向进行编辑。智能内容生产平台在信息采集过程中发挥了人的可理解力，提取文本、理解语义、分析情绪等 AI 技术，挖掘信息隐喻内涵，从而为内容生产提供数据支撑。其中最具代表性的是对情绪的可创作力、可加工力、可转换力和可理解力等四种能力，其以不同方式对内容生产格局产生影响，进而促进媒体的深度融合。

　　资源整合能力：主流媒体获取"内容为王"数字化资源能力。媒体不仅要注重视听内容的权威性，也要整合其现有资源、将重点转向"非内容"的社会与行业的"媒介化"重构中去。视听媒体未来传播的价值会在全新的非内容领域，况且教育、健康、服务、政务等领域都已经表现出越来越明显的媒介化重构的态势。在社会的媒介化进程中，整合各类资源和有目的地聚集与整合，用传播逻辑来重构社会的过程极为重要，而关系资源的积累、激活与运用则主要利用作为关系表达的内容去激活和形成圈层、社群和社区，为社会的媒介化提供最为关键性的基础关系资源。如圈层的培育、社群关系的建构与对大数据和 AI 技术的精确把握，最为重要的是资源。

数据算法能力：视听内容从产品走向消费的方向与策略。数据算法已成网络平台的核心竞争力，其核心原因在于用算法解决了海量资讯数据与用户之间的供需适配问题。用户可以快速找到其需要的资讯产品；生产者可精准生产适合用户的内容产品。移动网络时代，信息过载是必然，数据算法就显得极为重要，内容推荐算法就是平台参照受众的习惯和兴趣，帮助受众以更少的成本获得与自己偏好、需求匹配的视听资讯，但算法所导致的马太效应、准确度、排序合理性、覆盖率、多样性和新颖性等问题也影响了受众的消费体验。因此，数据算法不仅要面向内容消费者，也要面向内容生产者，把选择权完全交给算法并不可靠，需要多方因素的综合才能主导数据算法。

（三）平台新生产力应用的原则与伦理

智能化技术增强了内容生产能力，也增加了技术风险。

1. 信息减法："增强"时代的"产能"克制

智能化技术大大提高了内容生产的产能，移动＋智能传播也使信息入侵到人们生活的每一寸空间，信息过载的问题可能更为严重。信息过载会带来内容总体的"价值密度"变小，有价值的内容被淹没在过量的内容中，用户发现有价值的内容的成本反而上升。尽管个性化分发算法的出现初衷是减轻这一问题，但目前的个性化推荐，只是在内容类型上缩减了阵线，并没有在量上解决过载，反而可能会带来同质内容的源源不断供给，这在另一个方面带来了信息过载。内容过载，也会带来用户注意力的进一步分散，以及思考专注力的下降。信息增多，人们对环境的了解并不一定增多，反而容易陷于信息焦虑症之中。智能化生产力的引入，应该是致力于解放人，让信息更好地为人服务，而不是让人成为信息的奴隶。因此，在有足够产能的情况下，更需要克制和减法思维。

以智能化来促进"信息减法"，一是需要更好地分析公共环境与用户需求，为用户制作更有专业度、更有营养的内容，减少不必要的内容生产，二是要进一步优化分发算法，适当减少人与内容的连接。

2. 数据权力的自我克制与制度约束

智能化内容生产中，数据是一种基础设施，也是一种权力，掌握核心数据及处理能力的企业或个体的权力需要自我克制与制度约束，对于保障这种基础设施的合理使用至关重要。主要包括数据权力的约束、数据质量的评估、数据伦理的审计、个人权利保护及个人的隐私权、被遗忘权等基本权利。此外，对于媒体的数据应用，还需要从真实性、客观性等角度提出要求。数据采集、加工、分析等各个环节的偏差，都有可能使得数据成为后真相的另一种推手。智能化加工技术，也越来越容易在图片、音频、视频等方面作假，这些技术的不当使用，也会给新闻真实性带来更多的干扰。我们面临的另一个新挑战是：虽然数据分析的目标是追求客观地描述事物，但数据分析也可能会成为对客观事物或客观进程的干预力量，因此，避免数据失真、辨识与制衡数据力量对客观事物进程的干预，是智能媒体所需要考虑的另一种数据伦理。

3. 算法伦理：风险判断与技术治理

在媒体全面进入"算法时代"时，算法的风险与负面效果也会不断显现。有大数据专家指出，算法的效果可以从短期、中期和长期表现来进行评价。短期表现为算法给出的结果与用户真实需求不符合，用户立刻有负面的感知。中期表现为算法能满足用户即时需求，但其累积效果与用户的发展利益不一致。长期表现为算法累积的效果与人类社会整体发展的目标和价值不一致。某些企业创造经济价值的同时也带来环境的破坏，后者被称为外部成本。类似地，这些累积产生的负面效果也可以看作是"算法的外部性"①。

今天的算法改进主要致力于短期效果的改善，但算法伦理更需要关注的是中、长期效果，也就是对"算法的外部性"的控制与削减。从新闻传播角度看，需要重点关注的风险与问题包括以下内容。

"算法黑箱"。算法黑箱是目前人工智能应用领域备受关注的问题之一。算法黑箱主要与弱人工智能领域的"深度学习"技术相关。深度学习是机器学习发展的第二个阶段，而机器学习是指通过算法，使得机器能从大量历史数据中学习规律，从而对新的样本做智能识别或对未来做预测②。在计算机领域的专家看来，深度学习算法仍然缺乏人类这样的联想、记忆、学习、推理等高级智能。因此，目前的深度学习还是一个典型的"黑箱"算法，连设计者可能都不知道它是如何决策的③，也就是说，当机器在进行自我学习和自主决策时，可能会产生黑箱。对于机器带来的黑箱，算法的可解释性是一个重要制约方式。美国计算机协会美国公共政策委员会在 2017 年初发布的《关于算法透明性和可问责性的声明》（*Statemention Algorithmic Transparency and Accountability*）中，提出了七项基本原则，其中一项即为"解释"，希望鼓励使用算法决策的系统和机构，对算法的过程和特定的决策提供解释，尤其在公共政策领域。欧盟于 2018 年 5 月正式实施的《一般数据保护条例》（*General Data Protection Regulation*），也提出了"解释权"，赋予欧盟国家公民"审查某项特定服务中如何作出特定算法决策"的权利④。当然，并非所有算法都是基于深度学习技术和机器自主决策的，也不是所有算法都会产生"黑箱"。例如，从已经公开的分发算法来看，它是有明确的可解

---

① 周涛.大数据与人工智能的伦理挑战 [J].电子科技大学学报（社科版），2018（5）：1-6.

② 余凯，贾磊，陈雨强，徐伟.深度学习的昨天、今天和明天 [J].计算机研究与发展，2013（9）：1799-1804.

③ 莫宏伟.强人工智能与弱人工智能的伦理问题思考 [J].科学与社会，2018（1）：14-24.

④ 魏强，陆平.人工智能算法面临伦理困境 [J].互联网经济，2018（5）：26-31.

释的模型与参数的。应该说，目前内容分发的算法更多的还是基于人的认知框架和价值观做出的模型，人主导了算法以及结果，技术带来的黑箱并不多。今天的分发算法更多的是因为没有被公开而引起了人们对分发原理的困惑，那些对公共传播具有权力与影响力的平台，需要更好地保证算法的透明、公开和可解释，以便让人对其合理性作出判断。

马太效应与拟态环境的畸变问题。算法分发，可能使某些内容传播效果被放大，而另一些内容被算法遮蔽，如果不及时得到纠正，这种马太效应会越来越强。虽然并非所有内容都具有同等的价值，但它们都应该有被曝光的机会，特别是对那些"延期报偿"，但具有重要的公共价值的内容，应该尽可能增加其分发面。避免马太效应，也可以更好地尊重用户的多元化需求，特别是小众需求。与马太效应相关，算法也可能会造成信息环境这一"拟态环境"的整体的不平衡。虽然拟态环境不可能完全反映真实的世界，但它至少要努力体现现实环境的多样性。而算法在这方面未必会起正向作用。减少算法构建的拟态环境的畸变，也应是媒体在应用算法时的一个重要考量。

算法偏见问题。有研究者指出："人类文化是存在偏见的，作为与人类社会同构的大数据，也必然包含着根深蒂固的偏见。而大数据算法仅仅是把这种歧视文化归纳出来而已。"① 国内大数据应用领域的代表性学者周涛更是坦言："让我们不安的是，这种因为系统设计人员带来的初始偏见，有可能随着数据的积累和算法的运转慢慢强化放大。"② 算法在某种程度上继承和放大了人类的偏见，基于算法的内容生产与分发也可能会同步得到增强与克制：智媒时代的新生产力照样带有某些偏见，这也会影响到算法所构建的拟态环境的均衡性。在应用算法时，媒体也需要提高对算法偏见的识别与防范能力。

---

① 张玉宏,秦志光,肖乐.大数据算法的歧视本质[J].自然辩证法研究,2017(5):81-86.

② 周涛.数据的偏见[J].金融博览,2017（5）：22-23.

"算法囚徒"问题。"信息茧房"这一问题虽然根本上不是算法造成的，但算法有可能会强化它。算法也有可能使人在其他方面成为囚徒，例如个人成为平台的"囚徒"，以及人沉浸于个性化算法带来的"幸福感"中失去自制力。从人的本性来说，懒惰是天然的，想以最小的成本或付出获得最大的报偿，也是人之常情，个性化算法在这方面迎合了人性，但是，它也可能正在以方便、幸福的名义，渐渐地使人们对它产生依赖，并在不知不觉中被其麻痹，被其囚禁。算法看上去是为个体提供人性化服务的，但它其实也可能是对个体进行控制的另一种手段。尼尔·波兹曼在《娱乐至死》中警告的两种力量①正在"合体"，一直看着"你"的"老大哥"，也可能正是将"你"带向"幸福沉迷"的工业技术。要摆脱这样一种危险，技术的应用者需要在产品开发与运营中有更多的自制，而用户也需要有面对算法的新媒介素养。

（四）智能融媒体平台的建设发展与应用

1. 智能媒体平台建设的路径与选择

媒体深度融合的时代背景下，媒体由"窄融合"向"宽融合"转变，其智能平台的建设就显得十分必要了，通过平台实现内容生产与分发的全流程智能化，实现以社会效益为主，服务于社会公众需求的主流价值观传播。智能媒体平台建设是传媒生态进化的基本路径，也是顶层设计要求的必然选择，更是媒体机构生存的未来方向。

传媒生态变革的基本路径。智能媒体的共性的特点是"万物皆媒、人机共生、自我进化"，媒体运作的各个环节都面临着智能化转型，智能媒体或智能融媒体平台是传媒生态变革进程中技术迭代的必然产物，是通过新技术感知用户并为用户带来更佳体验的内容产品客户端与服务端的汇总，把内容传播、双向交互、智能引擎融为一体，主要是以用户

---

① ［美］尼尔·波兹曼.娱乐至死［M］.章艳，译.南宁：广西师范大学出版社，2004：前言.

数据为核心、以多元产品为基础、以多个终端为支撑、以业态创新为重点，实现资源最优配置与效益最大化。从技术层面来看，智能媒体平台以数据为核心资源、以算法为运作逻辑，是智能媒体的底层架构，也是技术驱动下实现内容生产与分发、用户管理与价值获取的枢纽。

　　媒体发展的必然选择。面对急剧变革的媒体环境，以习近平同志为核心的党中央高度重视以新技术引领媒体融合新发展，从顶层设计角度为各级媒体的智能化转型、纵深化融合指明了方向。2014 年与 2020 年，国家两次提出"媒体融合"的发展要求，要求建立起"以内容建设为根本、先进技术为支撑、创新管理为保障的全媒体传播体系"，凸显了技术在媒体深度融合与智能媒体发展进程中的重要性。智能媒体平台的基本架构、运作逻辑、业务流程都具有强烈的技术色彩。

　　社交平台的未来方向。网络企业社交平台的转型发展路径。网络企业的社交平台通过其先进的技术，不断地在"获取用户时间和数据→更好地服务用户→取得更多时间和数据→挤压竞争对手时长"的模式里循环，为了获取更多的用户，占领更多的市场份额，能够有效优化内容产品的生产分发流程，推动媒体的智能化升级，进而提升网络企业社交平台的传播力、影响力。主流媒体为了推进其融合发展，也在探索寻求与基层社会治理深度对接，寻求价值提升的社会基础，这两方面发展，都需要 AI 技术、数据算法的智能支持，最终从两个维度为国家治理体系与治理能力现代化营造良好的舆论环境。

2. 智能媒体平台的智能化方式：策采编审发传评管的智能化

　　主流媒体的智能化发展，究其本源是生产与发布内容产品的功能始终没有变。主流媒体无论是"中央厨房"平台，还是"媒体大脑"平台，都是为了更好实现集中指挥、高效协调、采编调度、信息沟通等基本功能。

　　内容策划，智能媒体平台聚合了用户行为数据与一段时期内的网络传播趋势，策划人员可提前研判内容产品可能取得的传播效果，有针对性地谋篇布局，实现从"追随热点"到"引导热点"再到"制造热点"的升级，通过对数据指标的监测，发现数据中的异常动向，将这种"异常"报告至采编人员，由采编人员从内容的角度确定是否"选择"。

内容采集，5G 技术可以让内容素材实时上传至智能融媒体平台的云端素材库，为编辑系统不同端口的编辑人员提供源源不断的前方内容，从而实现即采即编即传，编辑后实现同步的即改即审。此外，大量的摄像头、电子芯片、可穿戴设备等传感器装置，还有车联网、物联网拓展内容采集的维度，获取传统采访方式无法感知的内容并通过整合分析以可视化、故事化的形式呈现。

媒体 AI，主要是网络平台、机器学习与数据挖掘、语义网络、认知技术等在媒体上的应用，既有数据挖掘、自动化内容生产，也有内容代理和内容分发等，体现在内容的采集、生产、制作、发布、媒资、风控、效果、舆情、经营、版权等方面。算法编写过程中，将场景、内容、用户偏好和平台优先级等要素内嵌于代码之中，实现了信息分发的"千人千面"。个性化推送降低了用户获取信息的难度；智能融媒体平台的智能分发功能将信息精准地推送至用户手中，海量的数据投喂将令算法更加智能，对于用户信息需求的预判更加精准。

内容编辑，主要是人工智能软件平台和自然语言生成技术的结合，允许将原始数据转换成可理解的语言生成内容产品。平台在数据库和其他数据源中查找和识别相关数据，分析处理数据，识别关键事实并对数据进行排序、比较和汇总，以语义结构组织叙事，生产文本或是视觉内容。智能融媒体平台机器人写作功能基于海量数据在财经、体育等领域的"三审三校"的运用，大大降低了人力成本，提升了新闻生产的效率与准确率，更令专业生产者有时间和精力从事深度报道、调查报道、新闻评论等更富社会效益与影响力的内容产品生产，提升了媒体机构的知名度与美誉度。

内容核查，无论是文字的内容产品，还是视听的内容产品，必须要有审核与核查的环节，审核即专业性审核，核查即事实核查。主要是对信源和信息可信度进行审核与核查。各媒体和网络公司加快了开发使用内容核查的步伐，很多著名的社交平台与国际主流媒体都开发了内部验证工具，可帮助生产者实时验证多媒体内容，但事实核查技术本身也存在局限性，缺乏人类监督或处理大规模数据时，自动化事实核查工具辨识假信息的能力有限，难以应对新语境下层出不穷的复杂新闻形态。

内容发布，主要是关于内容的推荐、协同过滤的推荐、基于知识的推荐以及混合推荐。其基本原理是平台的算法会根据用户个人的年龄、性别和兴趣、种族、经济状况和社会关系、足迹、阅读数据等数据建立起来受众画像，将受众画像与标签化的内容产品匹配后发布到受众端的过程。智能融媒体平台将通过算法推荐技术，根据用户行为、人口统计学、关联规则等数据，按照"数据挖掘—用户画像—信息推送"的技术逻辑，实现分发的个性化、定制化、精准化。随着大数据与人工智能技术的发展，政府、媒体、网络企业社交平台获取用户数据的成本逐渐降低，样本量逐渐扩大，能够有效描绘样本的总体情况，为内容产品的智能分发奠定了技术基础。

内容传播，主要是指 AI 传播或 AI 主播，通过人脸识别与建模、语音、唇形、表情合成以及深度学习，联合建模训练而成的传播新技术，从而达到真人主播水平般进行精准传播的目的，最终提升传播的效果，降低了制作成本，提高了产品消费的时效性和质量。用户在日常互联网使用过程中留下的痕迹能够大致刻画出其内容偏好，系统根据用户使用记录以及用户自身的标签，描绘用户信息消费行为的画像，预判用户对某方面信息的喜好程度，并结合某一用户与其他用户在用户行为、历史行为、基本情况等方面的相似性，将运算结果与智能融媒体平台内容数据库中的产品相对照，从而为用户推送"量身定做"的内容产品，实现用户与其感兴趣信息之间的有效匹配。

内容评价，平台运用 AI 对受众的内容产品消费阅读情况及相关数据的一种分析处理，并根据处理结果对内容产品的其他环节进行调整互动，主要是对内容生产的调整。

3. 智能媒体平台由"窄"向"宽"的融合转变

智能媒体平台在帮助社交平台或媒体机构完成内容生产与分发的智能化等基础功能时，更需要发挥作为媒体深度融合管理操作系统的功能，推动媒体融合从媒介与媒介之间的"窄"融合向"宽"融合转变。

平台的用户画像增强平台黏性。智能媒体平台的用户规模与用户黏度决定着媒体机构能否实现可持续发展。平台中用户管理系统的阅读量、转发量、粉丝量等关键信息以及其可视化形式呈现方式，为媒体管理者提供了直观窗口。根据受众与用户的信息，媒体平台可以科学地发现与评估内容产品的选题、更便捷地挖掘和分析内容资料、更多元地探索内容产品的呈现形式，及时调整内容生产与传播策略，常变常新，在维系既有用户的基础上拓展新的潜在客户。通过圈层化传播，增进网络社群成员的情感纽带，优化传播效果，并以会员付费、知识付费等方式完成商业变现。

平台"内容供应者"向"社会治理者"转变。媒体平台要在公共服务方面拓展业务领域，尤其是在党建、政务、民生、文化、教育、增值服务等业务领域，要从"内容供应者"向"社会治理者"转变。智能媒体平台可以与政府机关、企事业单位实现数据资源共享，通过与政府合作构建、帮助政府部门完成平台搭建或自行搭建等模式，建立起覆盖居民生活衣食住行的政务与民生服务平台；也可以同财政、交通、卫生等部门累计开发线上服务功能服务市民，还可以根据内嵌于服务中的卫星定位功能，可向用户实时推送更加精准的天气、物价、公共交通等本地生活信息，并将用户反馈的数据进行综合分析，为地方气象预报、市场管理、交通治理等提供依据。又如平台集智慧家居、智慧物业、智慧政务、智慧公共服务于一身的探索，也实现线上与线下、政府与百姓的有效互动。

"媒体＋电商"业态拓展平台经营模式。网络企业社交平台或智能媒体平台的电商功能是其商业化的一种重要变现手段。目前主要有直播带货、VR演示等技术手段，介入社区团购、生鲜快递等经营模式，主要是通过跨行业合作、公益拼单等多种方式实现了主流媒体、主播与媒体融合进程多方共赢的模态。

智能媒体平台由"窄"向"宽"的融合转变。实现智能融媒体平台与媒体深度融合需求的同步进化，有助于强化以社会效益为主的新闻宣传工作主导思想，更好地服务于社会公众需求与主流价值观传播。

（五）平台：决定内容生态的关键

以往的内容传播更多是借助一些渠道，而当前内容分发，越来越多地集中到一些平台上。

1. 从渠道到平台的本质变化

从"渠道"到"平台"的概念演变，并不只是文字上的变化。渠道是内容到达受众的单一通道，用户只是渠道的端点，用户与用户多数时候是分离的。内容生产者与用户间也被渠道分离，用户只是产品消费者。而平台是内容到达用户的多元路径、复合生态，用户被聚集在平台上，用户与用户也在平台上连接。同时，内容生产者与用户汇聚在平台上，用户也可能随时转化为生产者。平台的兴起，是新内容革命的一个必然结果，也是整个内容业变革的一个关键因素。

2. 从渠道到平台的集约化发展

传媒媒体的内容产品消费是各自为政分散的，不同的媒体有不同的受众，不同用户需要在不同媒体看不同的内容。智能媒体则改了这一切，让受众或用户的内容产品消费实现了平台化。且用户越来越向几个大的平台集中。集中性的平台，大多是网络企业社交平台率先实现的，之后是媒体的自建平台，把原来单一的内容产品变成为复合性的内容产品生态，这样也导致原来已经解构的话语权，在平台上实现了再中心化；平台掌握着内容产品的话语权，平台的算法与分发原则与流量逻辑，会影响平台的商业与内容生态。

平台吸纳多元内容生产者：平台不仅是内容分发者与消费渠道，也在变成内容的生产平台，微信公众号、头条号等的出现便是证明。这些平台不仅面向媒体，也向个人和组织的"自媒体"开放，一批新的内容生产者在平台成长。新的竞争力量可能会带来噪声，但也可能推动媒体"专业成色"的提纯。平台重新定义生产、分发、消费的关系：平台对内容生态的重要影响，是它将逐渐带来内容的生产、分发与消费的一体化，并重新定义了产品的生产与消费的关系，并把这种关系的反馈实时作用于内容生产，基于分发方式和消费场景的面向对象的生产将成为可能。生产、分发与消费三者之间的界限日益模糊，但纯内容生产者却日益失去对分发平台的控制权。要成为具有内容行业话语权的集中性平台，平台需要围绕多种目标来营造内容生态，一是用户培育：实现规模化用户的集聚与维系；二是生产者培育：汇聚多元化内容生产者并为其提供有效的激励机制；三是内容分发与匹配：完成内容生产与消费之间的匹配；四是界面与用户体验优化：提供合适的界面及相应的用户体验；五是关联服务的拓展：促进内容与其他互联网服务的关联。平台的形成，需要强大的技术能力和强黏性的用户基础，其对绝大多数媒体来说是难以完成的任务，但平台的形成，也意味着媒体渠道的萎缩。

主流媒体也因市场与受众原因也进入了一些网络企业的社交平台，获得多元分发能力，并尽可能争取有利于自己的合作模式。拥有技术与用户基础的网络公司，更有可能成为平台的拥有者，它们也会通过对平台的控制，对整个内容产业形成至关重要的影响。

3.智能媒体的平台发展生态

网络企业社交平台是由其内容产业决定的，而一个良好的内容生态的核心是各方利益的平衡、能量的相互供给。

平台利益与内容生产者利益的均衡。社交平台的内容产品有不同的产品来源，即便不是媒体平台，但一旦发展到内容级别的社交平台，内容就必将成为其核心。内容生产者的积极性，直接影响到平台内容的品质，而决定内容生产者积极性的根本，是平台机制。因此，网络企业社交平台的商业规则与算法、AI 能力掌控着内容产品的未来。对于内容生产者的利益来说，内容的版权问题始终是核心问题，平台保护了生产者的利益，也就间接地保护自己的利益。网络企业社交平台或智能媒体平台也可以反哺内容生产者。平台数据与算法可以引导"面向对象"的精准生产。通过平台提供的多维度数据，内容生产者更好地进行智能化内容生产，也可以为特定对象进行精准化内容定制。平台提供的关联服务可促进内容价值延伸，如向服务、电商、政务、便民等方面延伸，为内容生产者提供了各种可能。

平台利益与用户权利的平衡。平台在自身发展的同时，也需要尊重和保护用户的权利，包括：内容消费权、内容生产权、知情权、隐私权等。用户权利的满足程度会直接影响用户的活跃度与黏性。平台可以促进内容变现。除了内容收费之外，平台还可以为内容生产者提供创新广告形式以提高内容生产者的广告收入，也可以通过流量分成激发内容生产者积极性。一些平台在探索内容产品的商品化，即利用平台的数据，发现可以进行垂直深加工的内容产品，以 App 或其他形式将其包装为新的内容商品，也是未来可以进一步深化的方向。还有内容的 IP 化运作，也是当前内容产品变现的另一种主要方式，平台可以成为 IP 产品的交易所。在平台与内容生产者的博弈中，平台是强势的一方，需要"让利"于内容生产者，为内容生产者提供更多元的支持。

内容生产者与内容消费者诉求和利益的平衡。内容生产者与内容消费者之间也有诉求、利益和价值冲突等问题，如生产者的专业价值追求与消费者的鼠标投票之间的冲突，生产者的收费期待与消费者的省钱诉求的冲突，生产者的营利诉求与消费者的用户体验的冲突等。两者的平衡，才有利于平台生态的平衡与稳定，无疑，平台是两者间的协调者。智能化时代新内容革命已经开启，并将持续。在这样一场革命中，内容、技术、平台之间在博弈，生产者、分发者、消费者之间也在博弈。所有这些冲突与平衡的核心是 AI 技术。

二、视听媒体资源的 AI 管理与应用

（一）媒体资源的数字化赋能与智能引领

1. 智能语境中的版权媒资

版权媒资是其重要的战略资源和核心竞争力，追求其功效与收益最大化已成为新的发展目标。而新的智能媒资管理系统就恰好实现了各种功能的融合，把 AI、大数据、云计算、区块链等先进技术用于媒资管理，把媒体的存量资源变为增量资源，并为媒体的智能化转型发展提供重要支撑。智能媒资系统平台架构及功能特点，以及系统门户、媒资入库、编目、检索、主题推荐、出库等多维度 AI 赋能是项系列工程，需要在媒资数智管理体系中探索实施。

2. 媒体资产与资本管理

媒体资本从 21 世纪初进入中国[①]，发展至今其功能和应用模式不断推陈出新。对于传统媒体而言，首要面对的是，要抢救性地把传统的历史资料数字化。这是一个系统性的项目，一是纸质材料的数字化；二是图片音视频影像胶片及磁带的数据化；三是与专业技术公司合作；四是引入 AI、算法技术、云平台等技术建立智能媒资系统。五是实现内容管理、智能查重、智能标签等数据管理功能，改传统媒资被动检索为多模态检索，并提供定制化主题推荐，为用户提供精准度高、互动性强的媒资体验，助力媒资管理服务向着及时性、碎片化、扁平化、知识性升级，最终实现媒资数智化管理，把媒体资源变成资产与资本。这会是一个庞大的数据化过程，部分专业的传统媒体累计编目就有百万余条，还不包括专门的纪录片、电视剧、电影等重点资料，而平台的媒体资源

---

① 宋波. 媒体资产管理研究趋势分析 [J]. 中国广播电视学刊，2018（2）：93-95.

必须要全部实现资源的数字化，并且这些资料是传统媒体的重要战略资源和核心竞争力，媒体资源的功效与收益最大化成为数字化之后的重要工作。而传统媒体也要从管理媒体资源向管媒体资产再向管媒体资本过度，因此媒体资源的数字化显得极为重要。基于此的媒体融合、全媒体、移动化才能成为可能。2021 年，浙江广电就构建了一套这样的智能媒资应用系统。

（二）智能媒资的高效管理和六大典型应用

1. 六种类型的智能媒资库

智能媒体面临内部垂直发展与外部的横向发展两个维度的融合发展问题。外部横向融合发展既要面对央视、卫视等媒体的冲击，也要面对平台媒体等新媒体的挤压，同时，还要承受新技术的升级迭代。智能媒资的建设目前较为火热，从已建成使用的效果来看，主要分为 6 大类型，各类型各有长项与短板，亟待进一步提升和优化。

表 16　智能媒资库的场景应用与 AI 管理

媒资库类型名称	交互式门户媒资	新媒体与4K媒资	智能标签编目媒资库	智能检索媒资库	主题媒资库	矩阵化媒资库
呈现方式	搜索引擎，实用与美观并存，符合用户的互联网思维	支持4K低码智能入库，自动串拼转接，PGC、UGC自动入库	智能切分、语音与人脸、OCR识别等技术对资源内容提取标签	人机交互的语音、图片、人脸等智能检索，用户启动语音检索	智能汇聚+人工审校主题推荐方式具有主题方向性的功能与作用	覆盖所有屏幕与媒体的便捷、稳定、高效的一站式媒资检索服务
数据分析	按媒体类型分库，大数据分析，形成用户画像	满足4K重点项目素材入库、存储以及精细化管理	大数据清洗、分析、聚合，形成带时码信息的结构化分层与标签	人脸检索能及时有效精准定位，并能"提前"知晓敏感内容	专注于甄别内容贴合、画质优良、版权明晰的核心价值资源	可提前制作媒资推荐资料，让媒资服务于一线生产

媒资库类型名称	交互式门户媒资	新媒体与4K媒资	智能标签编目媒资库	智能检索媒资库	主题媒资库	矩阵化媒资库
数据发布	用户"定制"新闻内容	通用分级存储，背靠分布式数据中心	音频的行文字转写，实现声音由"时间"转化为"空间"	可快速实现敏感人物下架、回溯时收效良好	通过智能化手段定制研发	可设立融媒新闻资源共享专区，自动推荐免审共享媒资
数据交流	数据库的圈层用户交流闭环	数据双备份，重要资料增加蓝光备份	"人物标签＋时码方式""时码＋文字"方式重组展现	主要用于参观展示、互动体验，同步支持手机移动端	以用户为核心，专注甄别内容、画质、版权、核心价值等资源	PC与移动端同步下载；效率高，出库敏感信息提醒
功能作用	丰富用户体验，用于外宣与信息交流	采用NLP语言，以"智能标签＋人脸标签"分类	通过机器学习，人工审校训练、优化算法，提升准确度、快速性和可用性。	秒级检索与服务，精准满足用户需求	"智能＋人工"主题增强用户关注度与媒资黏性	安全、高效、共享性最强，能实现系统对意识形态的管控要求

2. 智能媒资库的"能用会用好用"建设原则

引入 AI、大数据、4K 等技术赋能智能媒体，同时建有内容产品、综艺、专题、新媒体、视频、音频等分库，能够高效支持媒体使用存量与增量资源的需求。通过分类存储、分级检索、分布式高效媒资管理，为下一步版权媒资交易提供基础与依据。系统功能特点各有不同，但"一中心、一门户、九接口、九模块"大致都有。"一中心"指包括 4K 在内的海量全媒体媒资内容中心；"一门户"指适应融媒体生产、兼具大数据技术的多模态检索门户；"九接口"指媒资库与 AI 智能处理中心、版权管理中心、大数据运营中心、通用分级存储、多模态检索门户、中心媒资、融媒体生产平台及各制作网的规范化接入能力；"九模块"实现基础媒资功能、智能检索、主题推荐、新媒体应用等九个功能模式。

（三）媒资数智化管理应用优化思路

目前技术发展尚在弱人工智能阶段，并不能完美地解析结构和理解语义。

1. 提升智能标签精准度，扩展知识图谱的宽度和广度

从两方面提高智能标签精准度：一是现阶段 NLP、算法分析后须与标签词库严格匹配才能被认定为智能标签，导致重要标签信息因未严格匹配而缺漏。未来需改进匹配算法，做到模糊匹配提升标签精准度。二是现阶段各项 AI 能力相对独立，未来可将各项 AI 相互补充形成合力，提升 NLP 精准度。智能标签现阶段主要作为编目辅助工具，随着 AI 技术的蓬勃发展，智能标签性能将不断提升，机器逐步完成基础工作，将解放出的人力投入到更有含金量的审校和 AI 训练工作中，两者有机结合，相辅相成，使智能标签符合融媒发展所需。

扩展知识图谱的宽度和广度。智能媒资现有知识图谱功能实用效果不理想，应需进一步优化知识图谱扩展能力，探索拓展人物、事件等多维度。相信知识图谱主题推荐将会是未来智能媒资的重要应用，能够使编导在跟踪系列事件、专题报道时，充分挖掘幕后的关联关系，提高成品节目的收视率。

2. 提升大数据内容产品的及时性和准确性

智能媒资大数据来自大数据中心，内容相对滞后，迫切需要优化，为编辑记者提供有效新闻研判。另外，系统后台大量的用户检索、浏览、下载等行为数据，通过大数据挖掘整合，将是未来媒资掌握用户偏好，优化"用户画像"的重要依据，加以合理利用，建立起用户属性和节目属性之间的关联。而对于内容产品生产人员而言，可以真正得到及时、有效、定向的媒资推送。

3. 优化媒资版权管理与变现能力

目前，智能媒资可实现浏览端明水印，下载端自主水印等多维度水印保护，且预留有下载收费、版权管理等接口，但尚不支持版权全链

169

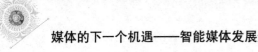

路管理，应及时关注版权管理及区块链技术发展，待时机成熟可完成对接。媒资管理借力智能化、数字化赋能，为用户提供更加安全、高效、迅速的媒资内容支撑，实现融媒生产助力和历史资料创新利用是媒体面对的共同问题。随着 AI 技术的迅猛发展和网络企业社交平台、媒体人的不懈努力，利用好智能媒资不仅能提升传媒产业在市场空间中的地位，而且能从媒资的角度促进科技创新进步，带来更大的社会效益和经济效益。

第八章

智能媒体视听媒介产品的应用与消费

人工智能、大数据、云计算等各项技术走向融合，赋能视听产品的表达和传播叙事。网络企业社交平台与主流媒体以其视听产品进行智能、沉浸、全媒体产品的生产制作与传播，智能媒体正在从概念走向落实到平台的各个环节。用视听产品讲好中国故事，向世界展示我国新闻业实力的窗口。无论是社交平台还是主流媒体，都在 AI 技术应用、数字虚拟主播、远程云生产等方面整体发力，此外 5G、区块链、大数据、云计算等技术叠加赋能，智能媒体格局进一步完善。

一、智能媒体的视听产品的智能、沉浸应用与消费

2014 年，写稿机器人问世时，就有人提出标志智能媒体化的诞生。2019 年，《人民日报》、新华社、中央广播电视总台以及各省级主流媒体先后成立了智能编辑部，媒体纷纷把 AI 技术布局到内容产品全产业链。

（一）视听产品的智能应用与消费

1. AI 技术与媒体技术的交互融合

智能媒体的发展标志之一是 AI 技术不再是网络企业社交平台或主流媒体的实验产品，是其以视听产品为主的核心技术应用。应用 AI 深度改造内容产品的生产与传播。视听产品的生产制作是重中之重。中央广播电视总台将"5G+4K/8K+AI"应用到冬奥音视频内容生产过程中，有效提升了北京冬奥会转播报道的制作水平。网络企业社交平台运用实景＋ VR+4K/8K 发布传播、省级主流媒体运用"超高速 4K 轨道摄像机"+AI"时间切片"技术进行视听产品的生产制作都好评如潮。个别网络企业运用 AI 黑科技进行视听产品的生产传播也是表现不俗。视听 AI 技术全面应用于内容产品生产的全流程、全生产链。新华社推出的"直播机器人"可以快速打到数据库里的资料镜头，与现场拍摄的镜头组合在一起，自动生成视频产品，并且可以根据传播与受众的需求进行快速拆条并一键发布到各大平台上，已经能真正满足"快速传播"的需要。国内省级电视台也引入了"视听 AI 编辑部""AI 云智剪"。极短时间内自动生成精彩视频素材。总的说来，替代了大量的低附加值人工劳动，提升了视听产品的制作效率；赋予生产者新的创作能力，视觉、数据、互动，为其产品的生产制作提供更多便利。

2. 数字人与虚拟空间应用

在"元宇宙"概念的带动下，北京冬奥会称得上是虚拟数字人参与的狂欢。新华社联合国家航天部门推出短片《准备进入北京冬奥会时

间！》，视频中新华社数字记者、全球首位数字航天员小诤在火星演示了高山滑雪、单板等多项冬奥运动。央视新闻联合百度智能云打造了中央广播电视总台首个AI手语主播，央视频和腾讯团队打造了3D手语翻译官"聆语"、中国咪咕体育平台则制造了谷爱凌数字分身参与赛事演播室的节目制作，与真人主持人一起进行赛事播报。虚拟数字人广泛应用在智能媒体新生态中。虚拟数字人连接虚拟与现实，技术具身参与到了信息沟通中，未来场景中身体不在场的传播将得以实现。

3. 人工智能技术应用范围扩大

AI技术从网络巨头社交平台和国家级主流媒体走向大众网络与自媒体中，特别是第三方智能媒体服务商的介入，使得AI制作的内容成批量生产。国家级媒体与网络巨头们深度合作，采用视频自动识别、文本转视频等新技术进行视听内容的生产制作。网络企业社交平台广泛使用媒体大脑等成熟技术生产制作各类视频产品、数据内容产品；国内很多地市、县级媒体也开始采用媒体大脑提供的"智能模板机器人"，替代原来由人工进行的工作，并且视频机器人生产视频只需替换文字和视频素材。数据新闻机器人、视频自动剪辑机器人等大大节省了后期制作的时间和成本，弥补了媒体内容生产力量不足的缺憾。

（二）视频花样翻新的视听产品营造的沉浸感

自2014年媒体融合发展成为国策，视频产品的生产就是成为媒体与网络企业社交平台的发展重点方向，极尽所能为受众与用户营造全天全程全息数字在场的氛围感，打造沉浸感十足的视听体验。

1. 全景"在场"的VR慢直播

全天候、无剪辑、长时段的VR慢直播与固定时长与栏目的电视产品，让受众无法在碎片时间里消费视听产品。VR、3D虚拟视听产品则为受众带来了碎片时间消费视听产品的可能，同时4K/8K等视听质量也为受众的消费提供了更好的沉浸式体验。同时5G和物联网的人机协同可以实时将被拍摄对象的位置、动作进行 360 度转播，用户只需点击手机屏幕，就可以实时观看慢直播或直播的各个角度。中央广播电视总台自主研发的超高速 4K 轨道摄像机系统"猎豹"可以根据转播需求，实时追踪直播对象的位置，实现加速、减速、超速等，灵活捕捉画面。国家级电视媒体还在推出 VR 版 App，设计了 180 度和 360 度两种视频观看模式，用户实现了实时在场的观看体验。慢直播已经成为移动端常规视频形态。除 VR 慢直播之外，北京广播电视台还推出"'云'看首钢滑雪大跳台"等系列场馆慢直播。直播长时间、同步进行，不带镜头快剪、编辑、音乐渲染等制作痕迹，用户仿佛全程在场。

2. 轻量级传播的短视频与沉浸式的（Vlog）叙事

短视频短、平、快，用户可以随时随地观看，已经成为新媒体视频传播的主流。媒体开始无视频不传播的视听产品生产，网络企业社交平台"全员懂短视频，全员做短视频"，搭建自己的短视频平台，构建轻量级、批量化的生产模式，推出各类短视频和精品视频。主流媒体的短视频生产也是聚焦大事件下的小切口，以人物、情怀为要点，与用户建立了情感共鸣。

Vlog 叙事是生产者以第一人称视角的视听叙事，一般是通过直播镜头带领受众走进现场叙事，让叙事更加真实立体，很多创意 Vlog 生产的视听产品既有温度，又有角度，由小见大进行视听叙事，Vlog 还可以把漫画、图文、日记等形式融入其中讲述故事。此外还与数据短视频、创意短视频等其他类型的短视频巧妙结合，做出受众欢迎的视听产品，增加视觉叙事的氛围感和现场感。

3. 多屏互动与 IP 叙事

移动网络养成了用户获取视听内容产品的新习惯，网络企业社交平台与媒体从重视文本内容生产转向文本内容产品与视听内容产品并重的生产方式。

多屏互媒与多屏互动。媒体融合发展进入后期阶段后，平台不同，用户群体、内容风格都会存在不同，媒体多采取两微多端的传播策略。从传播实践来看，传统媒体与新媒体之间可以围绕共同的议题形成流量的互相导流，即实现多平台协同，使得内容产品可以触达更广泛用户。如当前受众更愿意在手机端上抖音，在快手 App 上消费视听产品，也可以在 PC 端或 IPAD 端上消费观看视听产品，如条件允许，也可以在电视端或大屏上观看。这些不同的端口屏幕互通共用，互为媒介，不同端口建构不同类型的文本，满足用户的不同需求，实现了多圈层传播。多种互动的视听产品，用户生产内容和媒体生产内容角度不同，虽然风格不同，但是可以互为补充。除了在 App 客户端和 PC 端搭建 UGC 主动内容生产通道外，媒体微博也积极吸引微博用户主动分享内容，参与讨论，还可以用游戏和产品互动来吸引用户。

IP 叙事吸纳用户。IP 叙事作为一种成熟的叙事模式，已为媒体和社交平台广为采纳使用，为深度吸纳年轻受众与粉丝，IP 叙事创新就成了一种抢夺用户的新手段，随着网络用户年轻化，粉丝、流量、圈层的众多概念对于媒体内容生产也有影响。互联网空间内，用户和社交媒体的联结度越来越高，基于粉丝群体在网络空间内的内容产品触达就越部落化，这部分用户会以共同群体价值观念为半径形成一个网络圈层，在圈层内进行信息的互动交流和共享，掀起话题的新热度。从而吸引粉丝群体高频次转发、评论、点赞。

二、网络影院的移动影像消费与产品场景

（一）网络影视的移动视听消费

1. 网络影院的发展趋势与产品特征

5G、区块链、AR 眼镜等新技术载体和多屏影视产品消费观看推动影视产业迈向新阶段，助推视听产品消费步入以影院为中心的"后影院时代"。当下，以智能眼镜为代表的 XR 等沉浸式智能媒体设备的不断

发展和普及化应用，基于移动位置跟踪定位传播（LBS）场景的点对点分发观影已成为与传统影院观影共生的另一种主流观影业态。在"场景五力"和新媒介技术支持下，影院观影＋移动智媒观影的双重路径互为补充，智能媒体已成为影院大银幕新的延伸品，拼合出全时全域的实时观影场景。

全国电影 2021 年工作会要求，"十四五"的电影产品实行分线分众发行、推动线上线下互为"赋能"等①。至此，从 2002 年以来的院线电影产业拓展了其产业领域，影院大规模扩张和银幕数飞速上涨以及小镇受众的票仓蓝海，推动中国电影产业市场不断扩张。此后，网络企业社交平台与科技公司主攻网络影视产业发展，如主营影视的抖音、快手公司，以迅猛的态势改变了传统影视产业的格局，推动影视产品消费进入"移动时代"。据《中国互联网发展报告 2020》显示，中国移动互联网用户规模达 13.19 亿，国内可穿戴设备出货量为 9 924 万台；智能家居市场规模达 1 530 亿元，产品出货量 8.4 亿台，其中视频娱乐产品达 3.47 亿台。2020 年 3 月，全国 5G 基站 19.8 万个，套餐用户 5 000 万②。2022 年全球 VR 头显出货量 1 800 万台，VR 设备快速向 C 端渗透，VR 整个软硬件生态的拐点已经来临③。技术赋能，院网整合，让智媒环境下的影视产业发展出现新方向。

2. 影视产品从"院网对立"向"院网融合"转变

自 2002 年电影的院线化改革以来，院线和影院在电影放映端的绝对中心地位就得以确立。同时，网络企业的在线影视产品点播网站开始兴起，初期一度以"转录像带""转光盘"形式在网络上传播发布，中期向社交平台数字影视产品收费点播转化，后期则是以数字版权立法的方

---

① 2021 年全国电影工作会在京召开［N］.中国电影报，2021-03-02（001）.

② 人民网 - 传媒频道.《中国移动互联网发展报告（2020）》正式发布［EB/OL］.人民网，.http://media.people.com.cn/n1/2020/0714/c14677-31783128.html.

③ 何万城. 2020 年 VR/AR 产业发展报告［EB/OL］.VR 陀螺公众号，http://mp.weixin.qq.com/s/iCLJBKirIYoc9Cn6NoK7nQ.

式彻底解决盗版和免费网络问题。堵住了网络企业社交平台免费点播所导致票房的巨量流失问题。自此，院线、网络影视产品消费二元对立的问题更为突出。

随着行业内知识产权意识的增强和国家规范放映市场、打击盗版的一系列政策和措施的实施，大批网络影视网站因此关停并转。留存的影视点播网站也因国家的"牌照制"而只能在影院放映档期之后购买上线院线电影产品。由此也引发了网络影视产品的生产与传播问题。形成了网络电影和院线电影二元对立差异化的放映阵地和绩效模式。网络影视产品完全独立于院线电影产品。形成了自己完整的放映空间、生产创作、付费消费、营销发布等固定模式，网络影视产品是从院线电影的模式与运营方式中复制、发展并独立出来的一种网络视听影视产品模式。"院网融合"的影视产品发布原则上是先院后网或是院网同步方式，网络影视产品消费都有了其独立的财务核算方式与盈利模式，网络数字影视产品的网上消费，也成为院线影视产品收入来源的一大组成部分。此外，院线电影也同步探索院线电影网络发行的可能性。2018 年，网络企业北京云途时代影业公司发布了"移动电影院"产品，在其 App 端上映《脱单告急》《香港大营救》《第三度嫌疑人》电影产品[1]。当年 8 月《天下第一镖局》在影院上映三天后院网同步上映，上线爱奇艺，当天就获得了院线票房 6 倍收入[2]。此后，网络影视产品院网同步上线成为一种商业盈利套用模式。网络企业与网络科技公司纷纷探索院线电影生产的话语权，除通过注资成为出品方等方式介入院线电影创作上游链环外，网络电影也在积极实践"由网入院"。院、网之间都在试图打破发行壁垒，实现优势互补和双边融合。

---

① 娱乐观察.移动电影院正式发布院线电影线上同步看［EB/OL］.中国电影网，http://www.chinafilm.com/hygc/4681.jhtml.

② 微信公众号.娱乐资本论，陈滢.临时决定"院网同步"，网络票房却是院线 6 倍，这个导演的"壮士断腕"值得参考［EB/OL］.新芽.http://news.newseed.cn/p/1349232.

　　而随着媒体的智能化和从互联网到移动互联网的飞速发展，在网络企业社交平台和智能媒体的加持下，移动位置跟踪定位传播将把影视产品的消费带入更加多元的场景，移动影视产品消费更多地以短视频为主的景象不同，5G 对电影产品、电视产品、长视频消费的支持将继续扩宽影视产品消费的空间承载力。智媒场景下的影视产品消费，已经具备时空伴随性的技术准备。可以把影院产品消费场景搬到手机等移动端上进行消费。5G 解决了数据定向分发和实时高速传输问题，便携性智媒体变身贴身银幕的新环境下，电影观众与智媒体用户的身份将完全合并，从而推动放映 / 观影走向院网一体化。

3. 智媒赋能影视产品从"院线"消费向"移动"消费转变

　　影院的电影产品消费，从其初期就已在观影时空上有了固定模式与路径，意味着观众必须在相对独立的时空里消费欣赏电影产品。但随着网络技术的发展，网络企业社交平台与网络科技公司推出了网络 PC 视窗观影消费电影产品，可以在客厅或移动手机端用碎片时间消费电影产品。院线电影产品的消费是有一种空间仪式感的产品消费，具有一定情感连带、群体归属感与想象陪伴固定时空消费场景的观看方式，强化了对人身体和道德、行为的规训，借助情境氛围带来高质量的视听震撼，但被束缚的身体与置身陌生人的环境，个体实际是走向另一种"孤独"[①]。但个体观影行为的发生，其目的和动机是有差别的。相对于影院集体凝视场景而言，网络电影、汽车电影、手机电影的产品则自由得多，受众可以通过 PC、平板、电视等媒介跳过、倍速播放观看，还可以弹幕输出控制影像。

　　技术的本质是为了人的解放和效率的提高。传统媒体到智能媒体的进化也是为解放人的创造力与生产力。智能媒体则赋予受众在极大丰富的网络端随时随地收听、观看、下载、改编等一系列对媒体内容的"逆

---

　　① 杜梁，聂伟. 从"后窗"走向"广场"：试论电影与电竞的互融叠合 [J]. 当代电影，2020（02）：137-142.

向控制"能力。受众的影院观看身份向线上和云端影像消费用户转变。因此，无论是从时空层面的限制而言，还是从社会加速的现实性而言，"固定的短板"效应愈加突出。与"固定的短板"相对应的则是"移动的局限"。与日常生活和工作中人们相对更固定的活动范围相比，人们也因经济活动和工作等原因而更多地迈步"远方"。旅居已成为现代人日常的重要组成部分。

智能媒体语境下，在移动网络和数据技术支持下，智媒移动观影成为可能，智媒时代与场景相关的大数据、移动设备、社交媒体、传感器、定位系统为人类社会生活与信息化诗意栖居提供了技术支点。手机、平板电脑、头戴式显示器（HMD）等观影媒体已成影视产品碎片化消费的常态。当前智媒影音新媒体已经有了丰富多元的产品库。在产品层面，已实现90°的大视场角，双眼4K，呈现200英寸的大银幕观影体验。支持AR/VR/MR切换，2D/3D/全景等各种形式的视频AR眼镜已大量投放市场，在视觉效果上超越目前国家制定的大银幕放映技术标准。如谷歌和苹果的光场相机技术、AR/MR显示技术等也正进入了轻量化开发阶段。苹果最新的每秒1Gbps的传输速度HMD设备也已进入商业阶段。此外，5G带宽和速率已足以支持4K电影数据的稳定可靠传输，保证视频的低延时甚至无延时流畅放映。大数据的成熟度和应用能力能支持B2C模式从线上到线下的下单、统计和数据自动下发。此外，在区块链底层加密算法技术支撑下，视频数据的防盗防劫持能力大大强化，完全可保障数据的安全性，电影数据的单向定位垂直下发也得到保证。移动智媒观影将成为未来电影放映/观看的重要形态之一。

（二）从5G到B2C：移动智媒观影的技术完型

1. 移动智媒观影的技术完型

从"场景五力"出发，智媒观影首先是以技术进步支持的科技革命和传播革命。相对于影院放映的大众传播模式，智媒观影将在突破影院固定空间和场次排序的基础上走向 B2C 模式，分衍出精准传播的新模式，构建了影视产品消费的"双轮驱动"。移动智媒的影视产品消费补全影院观影的空白，完善了影视产品的消费新模式。当前，原子化、个体化的观影需求在技术的牵引下已经逐渐得到解决。5G 技术为影视产品的垂直分发和全域覆盖提供基础支撑，新型智能观影设备规模化进入市场，承担起了普通民众日常娱乐消费的重任。此外，区块链底层加密技术也可保障数据传输的安全性。移动互联网公司在大数据算法和数据分发领域早已轻车熟路。而国家战略层面的规划推进，正迅速推动移动智媒影视产业消费。智能媒体移动影视产业可以"加载"各类规格视频和电影格式。因此，在 5G、区块链已经大规模商用，智慧屏集体喷发、AR/VR 眼镜等已经大规模进入消费市场的新背景下，基于 B2C 路径的移动空间智媒观影的技术、产品、内容的瓶颈已经基本得到解决。网络企业社交平台的单片付费，与院线放映已完全同步。用手机、平板、头戴式虚拟现实观影设备以及 AR/VR 眼镜等多种智媒载体实现数据接受和观影的私人移动情境观影模式已进入日常生活。智能媒体将继续挖掘"相对闲暇时间"较多而缺乏"绝对闲暇时间"的潜在客户消费。

当前，影院观影＋移动智媒观影的双重路径相互补充，移动智能终端直接与"云影院"相连，观众可以自助完成影片搜索，在线下单，虹膜、指纹、刷脸、密码支付。作为服务商的"云影院"，依赖大数据算法进行各类数据计量、生成影片密钥，而后自动完成影片加密并实时下发播映。大数据算法在下单完成之后即实时对各收益方的资金额进行分割拨付。非影院观影场景或将迅速成为与影院观影并存的观影新业态。

2. 智媒观影技术改变影视产品的消费行为

随着云影院、线上影院的加速布局，以及移动智能媒体终端，尤其是深度沉浸可穿戴智能新媒体向日常娱乐场景的渗透，以可穿戴智能新媒体为代表的移动智媒观影设备的加速推广应用，影视产品的观影消费更自由，打破了时空上的阻碍，达到观影的全域覆盖；又不再受影院公共情境的规约，实现"即时观影"和相当程度的"人身自由"。这种"即时即地观影"在多维场景的应用前景，提升了电影产业规模的发展上线。在大数据和新型加密算法的"全景监控"下，盗版、伪造数据、资金分割纠纷等一系列影业多发问题将得到根治。院线和影院间的竞争已经蔓延到了网络空间，加快抢建各自的"云影院"、App等，抢占移动智媒观影市场风口，从而将竞争的内容从影片资源、观影环境、影院设备、实体服务扩展到在线智媒观影的界面友好度、流畅度、覆盖度、梯度票价吸引力等的增生竞争上。

（三）网络主体的构成要素以及四种不同类型的差异

1. 网络主体的多样形态

网络主体是网络中以某些共性或纽带连接在一起的人群集合体或受众用户群体。网络主体有不同的模式和形态。如社区、社群、族群、圈子等，相比于现实社会各类主体，其流动性强，具有"液态""半液态""气态"特征。多种多样的主体，给网络受众与用户带来了各种庇护，也阻碍了大众交流。网络主体一般是指网络中以某些共性或纽带连接在一起的有着共同的地理、记忆和心理的群体，包括血缘、地缘、精神、趣缘等群体，也泛指有着共同的情感、利益、文化、政治、职业等方面的网络共同体。其特性主要有"虚拟地域"或"虚拟空间"的空间集中性、主体间的互动性、情感联系、利益导向、一致行动、文化相似性、身份认同与共同体意识等特征。

2. 不同网络主体的构成要素及差异

目前，社区、社群、族群、圈子这四类人群聚集的模式都可以视为网络中的主体形态，对网络社会结构形成了较重要的影响。这四种主体在内部关系模式与结构方式等方面也存在一定的差异，其紧密度、稳定性也有所不同。网络社区：在互联网发展的第一个阶段，人们就将那些具有相对稳定关系的人群集合称为社区，并在社区前加上一定的修饰语，如虚拟社区、在线社区或是网络社区。网络社群：是基于特定虚拟社区形成的较为紧密的，且具有一定的群体意识的人群聚合。网络社区与网络社群常被混用，社区既可以是空间概念，也可以是人群概念。社群则只指向人群，网络社群有一定的经济利益导向。网络族群：是指在互联网影响下形成的具有共同心理、行为特征与文化属性的人群。具有主观性、参与性、分散性和虚拟性等特点。网络族群中的人可以是分散的，但共同的文化趣味、行为特征等将他们连接在一起，具体表现为"黑客""闪客""极客"等。网络圈子：圈子是以情感、利益、兴趣等维系的具有特定关系模式的人群聚合。圈子的关系模式特点体现为圈子成员构成的社会网络结构的特殊性，如"饭圈""二次元"。

表 17　不同网络主体的构成要素及差异

主体类型	空间集中性	互动	情感联系	利益导向	一致行动	行为相似性	文化相似性	关系结构	身份认同与共同体意识
网络社区	是	直接互动为主	强	不确定	不确定	不确定	不确定	较松散	部分具备
网络社群	是	直接互动为主	强	明确	常见	是	是	较紧密	确定
网络族群	不必要	间接互动为主	不确定	不确定	不确定	是	是	松散	较确定
网络圈子	两者皆可	两者皆有	不确定	明确	常见	不确定	不确定	紧密	确定

　　当然，以上总结主要是基于不同类型的主体的常见状况，不同主体之间界限也并非绝对清晰，有时也会有交叉。

3. 网络主体的"液态""半液态""气态"化生存

　　网络主体在网络上的数字化生存常常体现出流动的"液态"特征，从而让主体的选择与转换、聚集与消散极为便利，网络主体的社会活动、社会关系、社会制度可以从具体的时空条件中抽离，可在无限的时空中再联合、再组织、再融合。网络主体比现实主体更容易流动、脱域，实名化或半实名化的社交产品，推动了网络社会与现实社会的交织，网络中的关系，开始越来越多地移植、复制现实的社会关系，网络主体与其现实主体体出现交叉重叠的性质。

当商业的力量进入网络主体并以"社群经济"的模式发展时，网络主体精神意义的纽带被削弱。从早期普遍存在的相对松散的网络社区，到今天越来越多的关系紧密的网络社群与网络圈子，这种转变在一定程度上反映了网络主体从倚重精神和情感向倚重利益的转向，虽然今天社群仍然有不少是文化性的主体，但这些文化主体大多已经不是单纯的精神性或情感性共同体，而是混合了利益甚至经济的成分。网络社会从轻快的流动逐渐走向流动放缓的"半液态"状态。虽然流动并没有停止，但是阻止流动的因素在增加。这种半液态的状态，会进一步演变为网络人群区隔的固化。

网络主体人们更愿意向与自己价值观、立场、态度等相似的人靠近，以此获得抱团取暖、相互支持的可能，同一圈子、同一层级的网络主体，有相似的利益诉求与行为模式，有相似的价值观与政治取向等，但在面对某一具体问题时，情绪、态度、观点立场等，却可能有差别，甚至会发生冲突。这时，人们有可能超越所属的"圈"与"层"去寻求心理上的同盟者。网络主体在这种寻找心理群体的过程中，就像气态分子一样在不断运动，直到寻找到适合自己的位置，而相似的气态分子向同一"高度"聚集，形成更为流动而不定型的"气态"生存状态。网络，它可以让人们随时摆脱那些具有实在约束力的主体的束缚，在某些临时性的同温层里去寻找心理上的支持与平衡。这也是人们可以在某些凝固的、约束力强的主体中坚持的原因。因此，网络主体对于网络人群分化的固化起到了助推作用。

三、视听产品的产消维度与一体化融合

（一）网络主体的交互沟通与产品消费

网络主体尽管有"液态""半液态"与"气态"等不同形态，其对

网络群体的作用也不尽相同，但作为网络中既可类聚又要群分的主体，其在促进社会沟通、共识等方面有积极作用，可以推动网络主体的大众交流，但目前网络中多种主体反而会给网络交流带来障碍。

1. 共同话题的网络主体交互与产品事实依据

但当网络群体筑起了一个个自己的堡垒或圈层时，不同主体只关注与自己相关的话题，公共话题就会日益稀少。即使出现了一些各类主体都较关注的话题，人们也会因自己的立场而自说自话，或者把对话变成厮杀。

近几年网络产品的"后真相"问题日益严重，其原因多种多样，但网络主体或圈层的作用不可忽视。网络本身并不是一个客观的观察者和中立的判断者，只能依赖网络主体的作用与影响，依靠网络群体内部的"共识共鸣"来选择。当网络主体穿行在液态、半液态或气态的网络空间时，在圈层中得到强化的个体的情绪、情感、立场等，会成为他们触及事实与真相的障碍，在缺乏对事实的共同认定的前提下，理性认识和内容阅读在消费行为中得到确认。

2 "信任异化"与"后真相"问题的化解

网络产品事实核心背后的信任问题，主要是网络主体之间的信任缺失或对立等不信任因素造成的，信任有时也可以转化为隔阂与对立，甚至产生网络暴力。网络主体出于利益原因形成彼此之间的圈层或是由抱团行为导致对信任的异化，也导致了网络主体对事实本身的淡漠。当然，除了"后真相"问题和对公共交流的阻碍外，网络主体的不同模式及其影响，还有很多其他因素，如主体内部的利益交换、外部的利益争夺，以及社会结构的变化等因素的影响。这些问题的解决需要进一步建构各种主体的对话空间，这种空间在社交媒体的不断发展过程中并没有扩张，反而是在萎缩。除了社会的大环境因素外，另一个重要原因是近些年一些主要的社交媒体产品更多地在强化"强关系"连接。而强关系连接会使得人们受到的利益、权力关系等约束更强，这样的连接也会更多复制现实社会的关系结构，并在一定程度上固化原有社会结构。因此，未来的社交产品开发，需要考虑更开放、更适合公共交流的机制设计。而对于公众而言，需不断提升网络主体素养。

（二）视听产品的产消维度

1. 内容产品消费的"个性化""社交化"维度

个性化需求与社交化需求，是用户内容产品消费中两个不同指向的维度。个性化消费维度方面，注重个人内心需要，而社交化消费更重社交需要，如表达存在感、维持社交形象、保持社交活跃度、维系与发展社会关系等。新媒体用户身上往往两种需求是并存的。只是不同时期，用户的依赖重点有所不同。当内容产品的消费在某个维度上发挥到极致时，用户有可能产生疲惫甚至抵触感。社交化消费维度方面，内容产品产生的强关系社交容易疲惫，当过牢的关系捆绑了用户，当每一次内容产品消费都变成一种社交表演时，用户可能会逐渐产生逃离的诉求。为避免这一维度的极端化趋势，需要兼顾个性化消费与社交化消费的平衡，这也是 AI 技术和内容产品平台要进一步平衡协调的重要关系，既要注重个性化内容平台与社交化平台融合，也要注重个性分发与社交分发融合。

2. 产消一体的用户生产动力驱动

自网络企业社交平台向智能媒体方向拓展以来，受众在网络中的内容产品消费行为就具有了向生产行为转化的趋势。社交平台的媒体的社会化应用后，内容产地产消一体化发展，意味着用户的内容产品消费与内容生产融为一体，彼此激发、随时互换。转发、评论是附着在消费中的内容生产方式，要激发用户这方面的生产行为，需要内容与用户的共鸣共振，也需要社交元素的推动。部分受众还会以自媒体形式进行内容产品的生产创作，并有内容变现的需求。自媒体只能依附于平台，依赖平台进行内容分发，因此平台相关因素特别是分发机制会直接影响用户的内容生产。而算法分发与社交分发的结合，有助于自媒体内容产品生产者精确实现产消匹配，提高内容到达率，降低粉丝获取成本，也有助于缩短内容变现通道。但由于缺乏其他分发和评估机制，阅读量等指标会成为用户生产的主要风向标，在内容产品的产消之间容易产生数据导向下的封闭循环，并导致马太效应。未来平台需要进一步改善其机制，推动用户的多元创作。

3. 集群性的内容产品消费力与生产力

内容产品产消一体的趋势，成为智能媒体与网络企业社交平台的一种社会化趋势，这不仅意味着内容消费和社交关系的结合，还意味着与内容相关的社群的形成。网络社群不一定是具有文化共性的族群，更多的是一种网络虚拟的数字生存共同体，在网络虚拟空间的聚集互动，这也是集群性生产力形成的基础。对于内容生产者来说，这种集群力量之所以重要，一是网络社群的内容产品消费不仅有规模效应，而且群体成员的相互交流可以放大内容的影响力。二是网络社群中的意见领袖可以影响内容产品的消费。在某种意义上，赢得了意见领袖，就赢得了社群。三是网络粉丝社群可以转化为内容品牌的维护者或粉丝经济的贡献者。与内容相关的社群中，粉丝社群是最重要的社群资源，它们可以帮助品牌的传播与维护，可以成为营利模式中的新要素，也可能转化成内容生产的一员。社群是用户生产力的新聚能形式。将分散的用户变成具有集群能力的社群，也是未来内容生产者和平台的运营目标之一。

（三）智能媒体视听产品内容消费结构变化与升级

内容消费行为的变化同步推动和影响内容的结构性变化。其代表性主要有优质图文融合、短视频和场景化音频等结构形式。

表18　智能媒体视听内容消费结构升级三种模式

结构类型	传统类型	转换过程中的问题	升级方式
文图消费有结构	专业媒体与人员生产优质的图文产品	"爆款"及其升级的焦虑;"屏幕"阅读的快餐、浅层、碎片化消费担忧	优质图文融合。用"深层系统阅读"解决碎片与完整等问题
视听消费结构	专业电视媒体、电影产品的专业化生产	短视频与小视频让受众拥有了向公共叙事话语权,视听叙事是网络文化的张扬,并不是电视文化的浓缩	简约视听消费。用UGC+PGC方式进行,形成小屏幕+移动场景+社交网络模式
场景应用消费结构	音频是典型的依托"场景"的内容,交通、音乐曾发挥了重要作用	以"问答"形式出现的付费知识应用;车联网、物联网的出现对传统场景的冲击	场景化消费。音频形式最明显,以"问答"形式、将资讯与智能音箱、车联网、智能家居融合开拓新形式

1.优质图文融合消费结构

当下媒体内容生产者,时时因"爆款"而焦虑。担心对爆款的追逐降低了产品的专业性与严肃性,同时又焦虑爆款法则的升级漂移,无所适从。而爆款只是产品消费衡量的一种指标,专业性内容才是媒体的永恒法则。爆款与严肃是可以兼得的,受众"屏幕"阅读一般是快餐、浅、碎片式消费,但内容为王是基本事实,因此消费结构的变化要处理好深阅读与浅阅读、碎片与完整、封闭与开放,便可以从受众角度解决此类问题。

2.简约的视听消费与场景化消费

简约视听消费。专业的电视台与电影产品消费仍将延续,但基于"小屏幕+移动场景+社交网络"的短视频成为当前主流消费结构,短视频或小视频受欢迎的核心在于其生产模式和公共叙事的话语权,尤其是商业平台的UGC＋PGC的混合生产模式,让短视频产品生产步入专业化领域,并且释放了大量的视觉资讯,对商业平台的发展作出了重要贡献。

场景化消费。场景有多种,此前典型的"场景"是"音乐""交通"等电台。之后以"问答"形式出现的知识付费应用,再后来出现了多种语音方式,伴随性场景赋予了附加价值,如智能音箱、智慧语音、车联网、智能家居、物联网所营造的新场景已经完全。而智能语音、车联网等的结合,则与今天交通广播的应用场景重合,这也意味着广播将受到实质性的挑战。

第 九 章
智能媒体的人际链接与数字化生存

　　网络连接在不同时期的不同连接模式，无论距离远近、匿名与否、弱强关联与否，其目的是以技术满足了人的社会关系需求。智能网络时代，受众也面临着过度连接的重负，加强关联的倦怠与压迫感、圈层化的割裂等，当连接达到一定限度后，它对用户的意义可能就会减弱，甚至走向反面。当过度连接成为个体不能承受之重时，基于某些情境的适度不连接或"反连接"就成为互网络发展中的新规则。

一、智能媒体的人际连接、虚拟实体与数字化元件

（一）智能媒体的连接类型与作用

1.网络核心要素与终端、人、内容、服务

在技术底层实现了终端的连接后，人、内容、服务之间的连接，成为互联网应用探索的主要方向，人际连接根据连接关系性质分为弱连接、强连接与反连接三类。

表19　媒体的智能连接与类型

类型	人际弱连接	圈层强连接	人际反链接
定义	以内容产品为纽带的人际互动，关联性弱，相互影响能力弱	基于价值观与理念的互动连接，连接关联性强，易产生倦怠与压迫感	过度连接的反向发展，在一定情境下断开对个体产生过分压力与负担的连接链条
性质	以社交为核心的一对一互动，实质是话语权的转换与互动	强连接互动增加社交负担与维护成本，受众须面对越来越难以承担的连接之重	恢复必要的私人时空与个人自由，是情境性选择与用户的新赋权
形式	基于游戏的虚拟情境互动与即时交流，无关系的制约与约束	社会比较带来的压迫与焦虑，有关系的限制与约束，易让人际关系"窒息"	网络服务商权利的限制，以受众的反链接形式保持连接
情境	以个体为中心的基于内容的"表演"与"观看"，易引起连接的共鸣与在场感	形成圈定圈层与文化语境，并发式连接让人顾此失彼，易引起关系的压迫制约	重建人的专注阅读、学习与深度思考，限制信息收集、保存与扩散权
状态	以个体为节点的兴趣活动、时空多链条关联，关系的扩张力强，弹性更大	受众私人时空被强行挤压，关联关系强，压迫感强，拓展性差，弹性小	适当约束关联数据，受众自我控制其隐身权、被遗忘权和连接"开关"
作用	以产品或服务为中心、中介的"泛连接"，有人气和人文感	情绪与行为影响大，与媒介关联强，引领性强，有较强的规则与秩序	信息推送权利的反向约束，受众保持基本连接，控制自己的"闭合度"
表象	标签化的隐性连接，人际关系标签化连接的是兴趣、属性与理念	圈层化显性连接，受众受强约束与区隔，关系处于表演与自我审查中	反链接的反向思维与网络素养，是对网络内容服务商的权力限制
连接关系与影响	受人际关系远近差异的影响 受人际关系匿名与实名的影响 受人际强弱的影响 受人际关系的诉求大小的影响	"圈层化"约束强，关联强话语权 网络过度连接挤占受众线下生活连接 人的圈层过度连接造成生重压 圈层化连接对"外存"的过度依赖	受众人际关系调整过于频繁；适当约束人与内容产品的数据连通；相对约束内容推送权力；减少网络环境对受众的影响

2. 连接是网络的核心目标

连接最终是为了让人获得一个健全的信息环境与社会环境，为人的自由、均衡发展提供更好的铺垫。进入智能时代，智能设备让人的行为、活动、身体状态等以多种维度被映射在虚拟世界里。人的肢体被数据化与人的实体脱离，甚至与其他对象结合。人体被数字化的方式分解。VR/AR 等技术又改变虚拟空间的呈现方式，随着可穿戴设备以及其他智能技术的发展，人的实体会越来越多地被数据化，智能网络中，人成为"虚拟实体"或数字化元件。

3. 智能设备与人的"虚拟实体"化

网络与手机、传感器、可穿戴设备的连接让人的数字化生存变成一种虚拟化的符号生存，智能设备提高了人的"可量化度"与"可跟踪性"，增强了人与人、人与内容、人与服务的连接能力，也推动人数字化"虚拟实体"的出现。"虚拟实体"为网络服务商提供了精准、动态认识用户的新方式。产品算法与内容推荐，都指向共同的对象，即受众与用户画像。受众与用户在不同的时间、不同的场景、不同的状态，以及不同的行为方式中，其数据都会不同，因此，必须构建数据的动态采集模式与相对固定的算法分析。如定位系统数据确定受众的空间位置，穿戴设备确定受众的身体机能，视觉设备确定受众的关注焦点，各类生理层面的数据汇总等来感知受众的情绪变动。AI 技术通过动态映射模型为受众提供精准服务变得越来越可能，商业的动力也会使得相关数据的应用变得越来越普遍。受众在网络与媒体中永远是以"虚拟实体"数字身份出现的，各种动态依据只是人的数字化生存的一种形态。相比传统媒体以"内容"或符号方式实现的数字化生存，智能媒体的"虚拟实体"能更真实、直接地反映受众或用户的身体状态、行为等现实化存在，而受众或用户要人为改变数据却极为困难。从某种角度来看，数字化生存在一定程度上也是数字化表演，也就是通过文字、图片、影像等符号化媒介进行数据表演，为"虚拟实体"提供各类数据。

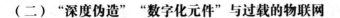

（二）"深度伪造""数字化元件"与过载的物联网

1. "深度伪造""数字化元件"

深度伪造是智能媒体在人的数字生存语境下，其"肢体"的数据被作为虚拟实体的数据进行数字处理过程中，运用各类 AI 技术，数据很容易实现转移、伪造且难以识别。"数字化元件"是指借助 AI 技术，人的"肢体"数据成为网络虚拟实体的组成元件。

2017 年，网络上运用智能技术实现面部交换、镜像身体运动、视频人像替换以及基于真实人的音频，经学习计算后形成的合成语音等技术，在媒体中运用越来越广泛。2019 年，人工智能换脸"ZAO 应用"引起受众追捧，用户上传一张正面照，就可以把视频中演员的脸换成自己的，并立刻生成视频。这是数字化深度伪造的产物，也是"数字化元件"的一种表现方式。深度伪造技术的风险显而易见，为智能媒体识别真实的内容产品设置了阻碍。"深度伪造"与"数字化元件"也有正面作用，如在给孩子讲故事的软件中植入父母的声音，以增加亲子互动感觉。近几年，国内主流媒体推出的虚拟主播，都是从真人原型身上获取了面貌、声音等元件，构成新的虚拟"生命体"。

2. 物联网的连接与过载

物联网是物物相连的互联网，通过传感器将物接入互联网，实现物与物、人与物的数据交换与连接。智能媒体连接物联网，扩大媒体内容传播范围，强化人对周边事物的控制能力与水平。与受众相关的各类事物成为智能媒体或网络的数据与信源。以前，人类对自然的认知和对事物的了解是通过人自身进行的，现在运用监测设备或传感器的各类数据让自然与事物自说自话，并与网络进行数据交换与内容交流。工业设备接入网络，可让设备数据与网络交流；畜类物种接入网络，其生理特征、时空位置可人人知晓；气象设备接入网络，环境数据可让人类预知天气状态；汽车设备接入网络，可实现自动驾驶；同时，万事万物也会成为受众。由人类主导的网络可以把网络数据导入到设备与环境之中并

193

实现设备远程操控或无人值守，让指令信息跨越空间干预环境，并根据人的要求作出特定的反应，如智能家居、自动驾驶等，从而让人从环境中获取了更多可利用的信息，并对物有了更强的调节能力，对生活的控制能力将得到提升。当人、网、物的界限模糊时，人网、人机的二元对立也就更加明显与突出。

二、智能媒体的价值转换与元宇宙传播特征

（一）智能媒体的价值转换与技术素养

互联网的本质是连接，而人际连接是其中至关重要的一个方面，网络让人际多元连接得以完善，而新的人际连接技术也在不断地升级迭代中。

1. 人际连接的升级与价值转换

人际连接的升级及其形式。智能语音与智能翻译：这两类应用让人际连接更为便捷实用。智能语音是将文字与语音互转的功能，智能翻译则是将不同的语言进行翻译转换，两者改进了人与机器、人与内容的连接；直播、问答与快闪。这些方式丰富了人际连接的维度。直播与慢直播消除了人际沟通的障碍，让观看者与自己圈层外的人近距离地交流，呈现自己的存在感。VR/AR/MR技术：这些新技术拓展了人际连接领域，超越了人际"强关系""弱关系"的连接范围。智能媒体还在其他方面有很多的拓展与发展，但大多取决于人际连接的新技术、新维度、新场景以及人类发展新需求。

圈层人际连接的价值转化。人际连接的价值，不仅是圈层关系的丰富多样，更重要的是圈层价值与群性力量的展现。"圈层""社群""社区"在网络媒体和智能媒体中或许区别不大，主要是以数量级作为区分依据的。圈层则是以内容为导向的紧密聚合；社群是略大点的紧密的人群的结合；社区多数是松散的人群的集合。圈层偏重观念价值层面，社群偏重商业价值层面，降低受众的互动和交易成本、让受众形成闭环互

动关系，重新分配资讯内容与利益；社群可以生产独特的共享内容，最终形成社群的共享经济。受众在社区或网络中不仅可以拓展个人圈层，还可以形成集群生产能力，人际连接关系也开始向人际服务转化，并实现价值转换。当下网络中的社群经济、社群电商、共享经济就是明显的表现。

2. 智能媒体的技能挑战与技术素养

智媒时代是现实社会与虚拟社会融合的时代，现有传媒教育已难以适应和引领传媒业态发展，需建构基于智能网络的智能媒体融合体系。

智能媒体学科与学术的重构创新。智媒时代学科的建构和完善：一是 AI 技术引领创新发展，消除知识鸿沟乃至智能鸿沟，促进知识平权化和技术赋能化；二是创新媒体融合能力，重构人物交流的模式与体系；三是激发媒体的创造能力，塑造科技创新与人文关怀兼具的传播生态。四是智能思维、数据思维与跨界思维能力的育成。智能化、数据化和跨界化时代，智能思维、数据思维和跨界思维能力，应是未来传媒人才的核心竞争力。以融合意识和创新精神为特征、兼具智能思维和跨界思维能力的复合型传媒人才，是未来传媒业态的急需。智能思维本质上是一种"智能 +"的认识论和方法论。

智能时代只有掌握智能思维，才能从容面对智能技术给人类社会所带来的复杂影响。智能思维最少体现在五个方面：智学、智问、智思、智辩和智行。数据思维是指用大数据挖掘分析问题、呈现问题并解决问题的思维方式。互联网、物联网、云计算、智慧城市、智慧地球正在使数据呈现几何级飞速增长。数据将是未来信息最主要的存储形式和未来社会的主要生产要素。无论从宏观国家发展战略层面、中观产业发展层面，还是从微观传媒企业和个人发展层面，大数据都可能重塑其发展战略和转型方向，数据驱动将是数字经济发展的主要动力。体现在智能传媒教育上，就是要培养未来传媒人才获取数据、分析数据并根据数据进行判断且可视化呈现的能力和数据伦理。跨界思维是指用融合、交叉和跨界的视角和眼光分析问题、配置资源、解决问题的思维方式。就内容传播而言，主要指跨领域的内容处理与分析整合能力，是智能传播人才基于社会高度网络化、融合化、复合化发展所急需的认识论与方法论。因此，智能体教育要培养未来传媒人才的内容创新和内容置换能力，同时也要注重培养其平台建设和运营管理能力，实现内容和渠道的融合而不是分工割裂，强调语境和关系连接，即通过确定服务对象，用不同的内容连接核心用户。未来机遇与挑战并存，必须处理好变革与坚守的关系。

（二）智能媒体的元宇宙传播形态及特征

1. 泛媒体　沉浸媒体　智媒体的发展态势

智能科技与高速网络迭代融合主导媒体发展。技术变革与社会的发展，推动传媒的大变革、大转型、大融合，推动形成媒介与社会一体同构的智能媒介化社会未来，6G 技术、大数据、云计算、物联网、虚拟现实、人工智能、元宇宙等技术强力驱动媒体融合后转向智能媒体的深度转型。

表 20　媒介形态从融合走向智能的三种形态

	内涵	特征	发展态势	共性特征
泛媒体	AI 和 CT 的混融发展，消融传媒、人与物、人与网络的边界，媒介不仅是人的延伸	人本身即是媒介，一切都媒介化	基于网络的全员媒体，VR 影像、VR 资讯、VR 社交网络与人际传播的方向	AI、IT、CT、OT 技术与智能网络的叠加融合，媒体呈现全息、全员、全效、全程、全态特征
沉浸媒体	5G 网络等新技术重塑媒体的表达与外延，呈现媒体内容的虚拟化、可视化、立体化特征	虚拟与现实的交互叙事表达，是 AR/VR/MR 的混合	以智能为基础的人联网、物联网传播的全媒体发展态势	
智媒体	智能技术以及高新技术将全面介入媒体并成为其介质特征	信息技术和传媒技术基于 AI 能力的深度融合	"社会即媒介"。媒介的知识力、建构力和塑造力与社会一体化发展	

2. 数字化生存与元宇宙传播形态

2021 年的"元宇宙"概念，推动网络巨头进军这一领域，连 Facebook 也更名为 Meta，认定元宇宙就是下一代互联网，在 5 年内转型为元宇宙公司。元宇宙的概念描述中是平行于现实世界的，又与现实世界有着互动的数字虚拟世界，还有很多的模糊性和不确定性，但可以确定的是：元宇宙不仅与互联网的下一步发展和演化密切相关，它还为人类未来的虚实混融交往与虚拟实践指认了方向。该概念把区块链技术、网络协同技术、VR/AR/MR 技术交融混合在一起，持续迭代升级，构想了一个从物理世界到生理世界、从现实空间到虚拟空间的网络连接；而智能媒体则一直偏重媒介技术的发展，也借用助于虚拟的方式构建时空感知、塑造注意力和情感、承载思想的生成和表达等技术进行传播交流，虚拟原本就是媒介的基本属性与内在机制，当人类社会的实践活动被挪移到网络虚拟空间后，虚拟现实本身将成为控制社会实践活动的巨大力量，并不断地削弱和瓦解传统社会的现实根基，从而导致人类社会互动实践和理论探索陷入双重危机之中。

　　目前，元宇宙技术正在不断地突破一些新技术，如身体的物质性，将人的身体及其活动数据作为网络数据与技术的"补充"，以"网络化身体"作为媒介技术延伸；又如"深度合成"[①]虚拟化生存技术，而这一技术加深了算法对视听资讯的生产与传播的参与程度，促进了不在场传播细节的还原和虚拟传播场景真实感的构建，实现了传播主体由实在个体向非实在个体（如 AI 合成主播）的拓展；还有多维建模、全息成像、引擎动画、运动捕捉、图像识别等虚拟技术，以及微创脑机接口技术、非侵入式的脑波操控等人机交互的快速发展，不仅为虚拟主播、虚拟偶像的构建提供了必要的技术物质条件，让人与虚拟偶像、虚拟主播之间建立起更深入的交流互动和更强的关系连接；将人与媒介之间的关系引向虚实之境，让人类的交往转向虚拟互动、虚实混融交往等新社会互动形态。

---

　　① 　"深度合成"（deepsynthesis）是指依托人工智能深度学习算法和模型，生成文字、图像、音频、视频的技术，其核心特征为具有高度仿真性。

3. 智能媒体的未来传播形态及特征

表 21　未来智能媒体的传播态势与特征

传播态势	代际鸿沟与智能鸿沟	AI 技术与人文的纠缠	元宇宙与虚拟化生存	算法对人的数字劳动的控制	超越媒介功能的网络平台	数字劳动在平台中的传播	社交媒体的情绪传播与风险感知	万物互联、人机互动、高度沉浸的虚实混融
传播特征	数字鸿沟的新发展与新表现	智能技术对人机关系的再造	人机关系、人与媒介关系复杂化并导致媒介危机	人机、人与媒介关系受算法的权力控制并导致的风险转向	"平台型媒体"或"媒体型平台"成为政府、市场、受众的传播联结点，社会基础设施和社会操作系统	数字经济背景下的"数字劳动"与"数字劳工"	情绪传播呈现共情体验、群体认同、符号互动、智能推送等特征并化为群体记忆	平台营造了平台社会圈；突破时空障碍，在世界存在；经济产生了社会生态；人类探寻意义与虚拟方式
现象表征	老年群体与网络"隔离"覆盖了贫富、城乡、代际文化等观念等差别	资讯虚实真假难以分辨；人的身体与行为被数据化；AI 技术嵌入人体知觉系统；虚实混融交往、人机深层互动	网络巨头进军新领域；人类未来的虚拟混融往与虚拟实践的进一步深化	"外卖骑手困在系统里"现象。算法对资讯个性化推荐、机器写作影响加大，转移到算法对社会的全面嵌入中，是对既有社会秩序的延续与重构	平台技术逻辑与价值逻辑消解了平台作为"公共话语场域"与"意见自由市场"的角色。传统媒体出现渠道失灵、用户流失和数据失守、影响力衰退和盈利模式崩溃、从业挑战等问题	数字工作与游戏、生产与消费关系模糊与交叠，电子游戏、电子商务、传播成为数字劳动的主体	短视频成为社交第一语言，微信等社交媒体让公众获取信息、感知风险、纾解情绪时产生"社交媒体依赖"	App 平台生态系统与日常生活实践融合；虚实混融；平台向度的多维产业发展；引发信息垄断和霸权
解决措施	AI 技术弥补数字代沟；代际数字素养的反哺	两难纠结，既无法解脱，又无法停止，需以新技术积极应对	重新定义人—物—实践融合的交往，新一代网络技术解决人类的数字生存	通过 AI 技术有效监控算法、增加算法透明度；打开算法黑箱，减少算法垄断与专制，以及道德伦理的机器绑架	解决"网络社会"向"平台社会"过渡的资源跨界聚合、系统性垄断等问题	解决平台与传播者"默从与妥协"抗拒与回避""控制与再造"的关系	解决"情感转向""信息病毒"所产生的谣言、虚假信息、偏见、极端言论和其他非理性言论等问题	处理好人与媒介、人与技术的关系，强化价值引领与伦理约束，正确处理虚拟与实在、肉身和精神、自我和宇宙的关系

198

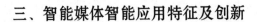

三、智能媒体智能应用特征及创新

智能媒体是以人类真实需求为导向，依托 AI、大数据、云计算、物联网以及区块链等多种技术而不断发展的新媒体系统。具有智能化、强连通性和强交互性等特征。机器智能与人类智慧是智能媒体的核心。随着 5G 技术与上述智能技术的深度融合，未来智能媒体将呈现融合化的发展态势，其主要表现为技术融合、跨场景数据贯通、需求——服务连通、机器与智能的协同以及机器智能与人类智慧的深度融合，人媒合一成为智能媒体的未来形态。

（一）智能媒体的内涵及"四力"融合特征

媒体智能化与智能化媒体。媒体智能化是指将人工智能应用于媒体带来的改变，表现的是媒体智能化程度不断提升的过程。智能媒体是指在技术助力下能够更懂得人类的需求的信息服务介质或机制。通过模拟人类智能实现各种认知能力以及协同机制，使人与人、物与物以及人与物产生联系的自主实体。"媒体智能化"的发展目标是"智能媒体"，"智能媒体"的实现过程则是"媒体智能化"。打造基于技术融合能力之上的类似于人的"认知力""理解力""决策力""创造力"，智能媒体运用算法在理解内容、用户、场景的基础上，借助网络＋数据、情节＋场景、链接＋交互模式，完成理解到决策的进阶。同时，借助"机器学习"实现"创造力"的突破，成为真正意义上的智能媒体。

图 19　智能媒体的技术融合能力与认知能力

1. 智能媒体的技术融合能力与认知能力

　　智能是解决问题的能力，现阶段的机器可以在算法控制和人类引导下解决部分人类难以解决的问题。而智慧是自主地看待事物的能力，是人类区别于机器的主要特征，是人类独特性的体现。人类智慧的进化多来源于外界及他人的互动交流。传统媒体时代，人类通过多种社会化媒体平台获取到其在当下物理环境中无法习得的知识、技能与思考，而在智能媒体时代，人类还可以通过与机器之间的互动、协同与融合以获得更为精确的认知，弥补其智慧的缺陷。在机器智能的辅助下，人类智慧将继续发挥在传播过程中的主导作用，推动整个社会的智能化发展。

　　从传统大众传播媒介到社会化媒体，再到智能媒体，技术的发展推动了媒介形态的演进，智能化成为现阶段传播形态与模式的显性特征。5G 网络链接 AI 技术推动智能媒体的融合化发展。其融合包括从技术、数据、场景、需求、服务等多维度促进新旧媒体之间的深度融合，进而使智能媒体了解人类的真实需求，更好地为人服务。融合化的智能媒体内部每个层级之间彼此连通与协同，技术的融合可以对数据进行标准化和归一化处理，进而使智能媒体在不同的场景中满足人类不断变化的多样化需求，建构机器智能与人类智慧跨场景与跨平台的融合，实现"人媒合一"。

智能媒体的技术融合能力。智能媒体是对社会化媒体的补偿，是社会化媒体演进的必然，主要有技术、分发、连通三个方面的补偿。技术是智能媒体发展的重要底层支撑，人工智能等智能技术之间的补偿，可以共建一个内容生产协同化、信息分发公开透明化、传播效果监测动态实时化、人与机器彼此信任的媒体系统。技术融合是不同技术的水平整合，即基于创建新功能或创造新产品的目的，不同领域的技术相互吸收彼此的优势以求扩展自身技术。其主要体现在以下几方面。一是不同场景间用户数据的技术贯通能力；二是不同用户需求与服务提供的技术连通能力；三是机器智能与人类智慧的技术融合能力。其中，人媒合一的技术能力，具体表现为三个层面的融合：感知融合、行为融合以及思维融合。这三个层面彼此连通且相互影响。感知融合即人类感知与机器感知的融合，是指智能媒体可以对人类的感觉（包括视觉、听觉、嗅觉、味觉、触觉等）以及直觉进行模拟，弥补人类感知的缺陷；行为融合是指赋予机器智能化、自动化的行为能力，使机器成为人类的助手，用更为专业的方式辅助用户；思维融合是人媒合一的更高维度，其表现为机器对人类意识以及思维进行模拟并共同参与到以人类为主体的推理、规划、决策等过程中。

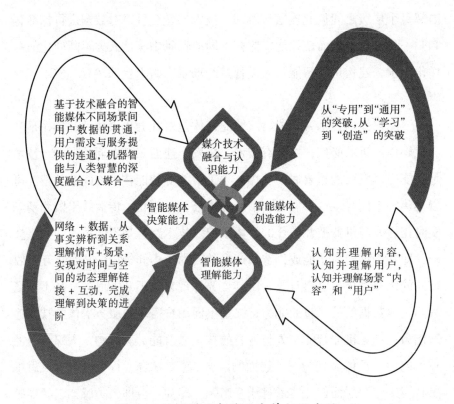

图 20　视听媒体智能融合特征及应用

2. 智能媒体的理解能力

　　人工智能的理解能力是通过构建具有很多隐藏性的机器学习模型和海量的训练数据，来学习更实用的特征，其中以语音识别、图像识别和自然语言处理为主，让机器形成"看懂""听懂""可沟通"的认知能力技术，对于传媒领域而言，也是实现理解内容、理解用户、理解场景的基础智能技术。智能认知并理解内容是通过"大数据"和"算法"，并结合"个性化推荐"来实现的。视听资讯的传播其实质是图文、声音、影像编码与解码的过程，媒体认知的"识别"是和打"标签"相关联的，"标签"又同"画像"相关联。一是解决内容生产的低质化问题；二是把社会价值融入算法设计；三是防范算法黑箱的潜在风险；四是认知并理解用户；五是认知并理解场景"内容"和"用户"。智能媒体想要解决的是人、时间、信息、方式的匹配。大数据和人工智能让智能更加有效地完成这种匹配。这五个层面的认知理解，让媒体智能化向前迈进了一步，为下一步的决策和创造打下坚实的基础。

3. 智能媒体的决策力

智能媒体理解内容、用户与场景，是基于网络中无限的需求、服务与传输的交互前提的一种平台的资源再配置，最终体现智能媒体的决策能力。

基于网络＋数据的事实辨析与关系理解能力。当前网络已经从"网页链接"发展到"数据链接"阶段，并朝着"语义链接"阶段发展。AI从海量的数据中提取有用的知识，存入知识库的数据层和模式层，并形成知识图谱，进行数据分析，构建理解力。主要有信息抽取、知识融合以及知识加工等三个主要环节。知识图谱技术将网络资讯表达成更接近人类认知世界的形式，从而为平台提供了一种更好地组织、管理和利用海量资讯的方式。2020年，百度、阿里巴巴、美团等机构推出了知识图谱及其商业应用，把该技术应用于商业模式中。百度知识图谱技术源于纯搜索引擎业务，在商业应用中，其建设重点倾向于在多元图谱的异构互联、图谱的主动收录与机器学习、媒体知识及行业知识的理解构建。目前已建成了覆盖了十亿级实体、千亿级事实、40多个类目的知识图谱库，涉及我们日常生活的方方面面。这些知识图谱就是百度的人工智能辨析事实真伪的基础工具，所有的资讯与视听产品都是经过严密的数据比对与筛查，理解事实与事实之间的关系，在数据库中建立概念间的连接关系，从而以最小的代价将互联网中积累的信息组织起来，成为可以被利用的知识。因此，网络催生了无限的数据，这些数据在各类互动平台中建立起联结，同时又在互动过程中产生、消亡、新生、替代、融合，为计算机的理解力提供一个从点到线、从线到面的进化过程。在这样一张巨大的关系型数据网络中，标记、辨别、比对、认知，都有了更加丰富的价值和意义，媒体也实现了从单一理解向关系理解的转变。

基于情节＋场景的时空动态理解能力。时空概念是人类认知世界的基本维度和坐标，时间维度上形成了"情节"，空间维度上形成了"场景"，人类自身是在具体的时空中理解世界并作出对于世界的预判与预测的。这对于媒体而言，预判与预测能力也是通过对情节、场景的数据的挖掘分析来实现时空的动态理解能力的，辅之以机器学习与深度学习，目前已实现时序数据的挖掘，并在媒体与零售、金融、医疗等诸多领域广泛地应用。

2016年，百度云发布国内首个云端时序数据库 TSDB；此后，脸书、腾讯、阿里、亚马逊相继推出其云端时序数据库；谷歌的 Monarch 时序数据库是当前全球规模最大的非开源时序库。这些网络公司，将这些技术直接用于媒体领域，让媒体直接具备"预测"分析其准确性的时间与场景，让媒体理解和建构连续的用户行为、用户和条目之间的交互，以及用户偏好和条目受欢迎程度随时间的变化，以更精确地描述用户环境、意图和目标、物品消费趋势等，产生更准确、定制化和动态的推荐。

基于链接＋互动完成理解到决策的能力。AI 的目标就是让媒体能够模拟人类进行感知数据、信息、知识、智能决策和智慧实施。因此，智能要用知识图谱与各种关联进行综合分析，从而作出正确的判断和决定，是对知识的最佳使用。人工智能领域始终致力于提升计算机的学习、理解与决策能力，而智能决策需要计算机根据所获取的环境信息和自身的状态来进行自主决策，并使得由环境反馈的收益最大化。这一由反馈形成的系统闭环，将使人工智能拥有更完整的表现形式。无限的网络带来了无限的数据，形成了无限的关系，在无限的时空场景中彼此交织，形成无限的链接和无限的互动，从而帮助计算机实时调整、不断迭代，无限接近人类的决策过程，却又比人类具有更大的智慧潜能，因而极有可能制定出相对的"最优"决策。具体应用到媒体产业中，小到内容策划、推荐分发、流量分配等"算法"应用，大到产品开发、商业变现、策略制定等"战略"应用，其实都是数据"决策"之后的执行操作。因此，媒体领域的人工智能探索与应用，始终与最优解判断、智能决策相关联。当下无论新旧、无论大小、无论国内还是国外，媒体机构都在朝着智能化的方向转型和发展，并将数据、云、AI 作为所有业务的底层架构，赋能自身的业务与产品。当然，由于当前的人工智能个体还处于"弱"阶段，为了避免盲从算法、偏信数据，媒体机构普遍采用"人脑＋人工"的方式来保障决策的正确性。

媒体产业在完成数字化、融合化、数据化的过程中，正成为人工智能演练与进步的主战场。而媒体的智能化变革，正是在利用数据、网络、学习和互动提升理解力，实现对用户的理解、内容的理解、场景的理解后，逐步实现智能决策，并向着智能的终极目标迈进。

4. 智能媒体的创造力

当今世界，个体最重要的能力是学习能力，只有学习才能获得新知识和维持新技能。事实上，学习能力是 AI 的基础；而创造力则是 AI 的目标。

智能媒体从"专用"到"通用"的能力突破。当前人类的 AI 能力还处于弱人工智能阶段，计算机程序可以在某一个方面达到非常领先甚至远超人类的水平，但却也只能局限在这一领域当中，这是当前人工智能与真正智慧生命体最大的区别之一。某一行业的 AI 工具是以特定领域的"专用"任务为对象的，换一个领域它无法"通用"了，而人类却可以在不熟悉的领域举一反三，变通适应。因此，通用 AI 是指的是在各种环境下解决问题、学习、采取类似人类的有效行为的能力。这种能力，不光要求智力水平，还要求常识水平，而后者对 AI 工具的开发者来说是极具挑战性的。目前，还没有任何一个通用智能系统能够接近人类水平，也就是具有协同多种不同的认知能力；具备对复杂环境的自适应能力；具备对新事物、新环境自主学习的能力。因此，人工智能领域的一个重要分支就是"类脑智能研究"，即借鉴脑神经机制和认知行为机制来发展人工智能。2021 年 10 月 28 日，Facebook 将公司更名为"Meta"，致力绘制一幅强大又有能力的社交图谱，进入通用智能的深度探究阶段。

从"学习"到"创造"的突破。机器是可以学习的,机器学习的发展历史,其实就是人工智能的发展史。一直以来,人类一直在探索让计算机模拟或实现人类的学习行为,以获取新知识或技能,重新组织已有的知识结构使之不断改善自身的性能。系统越是智能,达成目标的路径就越是新颖,系统也就越是超越我们的见识范围。人工智能真正的突破,很可能不是追求永恒的"正确",而是在混杂中寻找机会,在错误中寻找创新,这才是创造。那么,按照当下人工智能发展的资源配置来看,媒体领域恰好是拥有最大量混杂数据、最先进网络联结、最强大算力支持的板块,因而成为最有可能推动创造性进化的领域之一。认知和理解、理解并决策、学习中创造,这是智能媒体实现的底层逻辑。

(二)智能媒体的概念、特征、发展阶段与未来走向

伴随着网络信息传播不断向智能化方向迭代,智能媒体的兴起与应用使得网络信息传播机制不断被重构,并深刻重塑着社会价值传播的环境和格局。

1. 智能媒体的概念特征与构成元素

智能媒体是指依托高速移动互联网、大数据、云计算、传感器等人工智能技术的支持,能够自主感知用户需求,针对特定的时空和场景,动态向用户推送所需信息,从而实现技术驱动、人机协同、智能传播、精准高效的媒体形态,其本质是算法驱动的媒体形态。是具备较高的识别与理解能力,能够在营销传播场景中进行最优决策,并具备通用性进化与自我创造潜力的媒体。智能媒体即智能化的媒体。从技术角度看,"智能媒体=媒体+AI(人工智能)+IT+DATA"[①],是"人工智能技术与新闻传播界发生深度融合,全方位地介入内容生产、分发、互动反馈流程"[②]。从人的角度即从媒体对用户的影响视角而言,智能媒体是"能

---

① 商艳青.媒体的未来在于"智能+"[J].新闻与写作,2016(1).

② 师文、陈昌凤.新闻专业性、算法与权力、信息价值观:2018全球智能媒体研究综述[J].全球传媒学刊,2019(1).

够感知用户并为用户带来更佳体验的信息客户端与服务端的总和"[1]。麦克卢汉曾提出"媒介对人意识的延伸"观点，智能媒体是包括网络媒介、大数据、人工智能、虚拟现实等诸多能够延伸人类"意识"的媒介[2]。媒体的智能化赋能带来网络资讯传播的双向影响，并表现为信息分发的精准化、信息内容的定制化、信息体验的全息化等特征。信息分发的精准化指的是智能媒体可以通过推荐算法、大数据等人工智能技术手段，基于用户年龄、性别、兴趣、浏览偏好等网络行为痕迹将各种数据进行抽取、分析、聚类，对用户潜在的信息需求进行精准预测，从而实现信息传播对受众的精准定位与推送，最大限度地实现媒体信息传播的效能。信息内容定制化是指智能媒体通过技术手段准确掌握用户的信息需求，在智能算法的作用下实现信息内容的生产与推送由"点对面"向"点对点"的转变，从而让信息内容满足用户的个性化需求。信息体验的全息化是指智能媒体能够让网络信息"以文字、图片、声音、画面、动漫、图表等多形式、多维度、多侧面进行立体化呈现"[3]，通过营造虚实交融、多维互动的移动化场景为用户营造沉浸式感官体验。

媒体智能化是媒体基于高新技术的智能化的发展过程。在媒体智能化的发展过程中，其智能算法是其"大脑"与"中枢神经"，智能化内容运营是其"心脏"，智能化经营是其"肺部"，智能化网络与终端是其"筋骨"，数据与网络是其"血液"。运行过程中，算法大脑决策，内容心脏有序跳动，经营资源高效适配，网络安全可靠，机体充满生机活力。该发展过程是以大数据与人工智能技术的应用为目标，通过对当下媒体机构的核心要素进行归纳之后完成的，可以实现当下媒体对于数据化、融合化、智能化需求，包括了内容、经营、服务、传播等方面的

---

① 许志强. 智能媒体创新发展模式研究 [J]. 中国出版，2016（12）：17-12.

② 别君华、许志强. 媒介智能化与智能网络社会转型 [J]. 海南大学学报（人文社会科学版），2019（5）：68-74.

③ 沈正赋 ". 四全媒体"框架下新闻生产与传播机制的重构 [J]. 现代传播，2019（3）：8-74.

功能。但是，"智能化"程度，仍需要结合四力即认知理解力、决策执行力、创新力，创造力进行探索与实践。智能媒体算法驱动、人机互动、自主进化的特征，从媒介形态演变的角度，要从技术发展和社会需求两个维度考量，智能媒体的发展仍在探索中，其核心是数据收集与算法处理，未来的智能化发展要从技术、符号和人机关系三条路径演化推进，实现人机融合模式即人脑阵列 +AI 算法。随着大数据、算法、虚拟现实和机器学习等技术的相继出现，"AI+ 媒体"不断地"攻城略地"，涌现了如"智能媒体""智媒""智媒体""智能化媒体""智慧媒体"等词汇，频频出现在传媒产业。

智能媒体与人工智能的关系。智能媒体侧重于技术端、用户端、组织端、生态端四个维度在 AI 技术的应用，每个维度都有人工智能的因素，但在内涵与外延方面侧重不同。应用方面最为典型的智能媒体是以抖音、快手、微信等为代表的智能技术平台的广泛运用；其次是以封面、澎湃、天目云等为代表的新媒体，由于融入了较多的人工智能技术而逐步形成的融合媒体形态；最后是以《人民日报》、中央广播电视总台、新华社等为代表的传统媒体积极开发智能化新闻应用，未来有望形成的智能媒体生态系统。

"智能媒体"的元素与特征。在互联网 web1.0、web2.0、web3.0 的发展划分中，智能化是划分 web2.0 与 web3.0 的一个重要标志。网络技术更新迭代使视听资讯的生产与推送也迈上新台阶，媒介技术对于视听内容生产过程的介入越来越深，智能化程度也越来越高。因此，技术核心是区分视听媒体是否智能化的根本标准。智能媒体的出现使信息的采集、编辑、分发等流程的效率与质量产生质的飞跃，技术的发展催生新的媒体形态，产生了区别于传统媒介形态的边界和特点，主要体现在视听产品的"提升、过时、再现、逆转"等方面。

2. 智能媒体横向拓展与纵向发展的四阶段

AI 的智能化发展过程，经历不同的发展阶段，其智能化程度不同，又分为弱人工智能（擅长于单个方面的人工智能）、强人工智能（各方面类同于人类的人工智能）、超人工智能（在科学创新、通识和社交技能等多数领域超过人类大脑的智力能力）等程度。每个阶段的智能化程度有所不同。

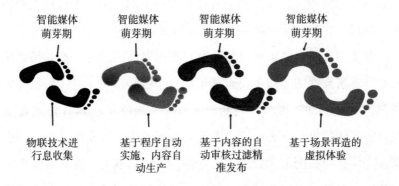

智能媒体萌芽期　智能媒体萌芽期　智能媒体萌芽期　智能媒体萌芽期

物联技术进行息收集　基于程序自动实施，内容自动生产　基于内容的自动审核过滤精准发布　基于场景再造的虚拟体验

图 21　智能媒体横向拓展与纵向发展的四阶段

基于物联技术进行信息收集的萌芽期。智能媒体的萌芽期，如同人类学会说话前，需要一段时间的口语积累，智能媒体乃是基于大数据的物联网。物联网技术与传感器技术的融合打通了网络巨头的商业平台之间的数据壁垒，可实现数据收集的跨场景化。物联网使得万物皆媒成为可能。并基于联网实现对人、事、物的感知和控制。物联网技术是 2005 年中国地震台网中心地震报告系统，该系统根据地震相关数据进行分析并发布地震资讯。基于物联网技术，媒体开始汇聚各类数据资料，构建了全媒体数据库，拓展分析数据，对资讯选题进行评估，然后启动策采编审等流程工作。物联网采集的数据可以帮助媒体从业者从大数据中发现现象与主题，同时也导致了技术焦虑和时空紧张、隐私泄露等问题。因此，智能媒体萌芽期，建规立制很重要，解决资讯安全、隐私保护等问题。

基于程序自动实施，内容自动生产的成长期。主要是基于物联网的人工设计、数据训练与学习，通过程序实施内容的自动生产，如 2010 年出现智能写作机器人，写作机器人强大的数据关联和处理系统以及高效的资讯产品生成模式，将人从简单的、烦琐的、机械的工作中解放出来，提高了资讯产品的生产效率。这一段阶段要建立神经网络模型，进行标注和学习，形成固定算法，这就要求媒体从业人员不仅需要传统技能，而且还需要计算编码等理科思维和技能。这一段工作重点在于执行人为设定的任务上，并不具备人类自主性意识，无法进行自主判断，是人类赋权下的有限智能采编工作，同时也导致价值与伦理问题。

基于内容的自动审核过滤精准发布的发展期。算法推荐是该阶段的核心，算法推荐的类型主要有基于内容、协同过滤、时序流行度的三种机制，具有感知、理解、判断三大特征。2012 年的今日头条是这一阶段智能媒体的最早形态，标志着互联网以及人工智能技术高度融合的到来。媒体在物联网、大数据、云计算、算法基础上，提高资讯产品的推送效率。但是，也导致算法垄断、信息茧房等问题，如果完全依靠数据和算法新闻推送，会导致人的扭曲和异化。

基于场景再造的虚拟体验稳定期。媒体技术的快速迭代与升级导致媒体的个性化、分众化、场景化、体验化更突出。尤其是 VR/AR/MR 技术的出现和应用。可以替代视觉、听觉营造一种虚拟现实的场景，以虚拟的方式再现事实。2016 年，新华社采用 VR 视角对两会进行 360 度全景报道；2018 年，新华社发布全球首个 AI 合成主播，这些技术不仅拓展了叙事技术，也再造了场景叙事，但也导致了真假难辨的视觉认知问题。

3. 未来智能媒体的发展趋势与方向

基于 AI 与 web3.0 的智能媒体，带来了好处，也带来了诸多问题，如隐私侵犯、信息茧房、数字鸿沟等问题，也极大地影响了人和社会，以及技术、媒介、社会、人之间的互动关系。

从媒介感知层面推动媒体生态升级。媒介是人的延伸，这是好的方面的总结，而媒介的每一次延伸都是一次自我截肢，这是负面的总结。传统媒体是以视听感官形式让受众领会到文图、影像、音频领会和把握意义。媒介感知技术的发展，推动媒介生态全面升级，近几年推出的 ASI 全感交互技术 ①，是在 AR 的基础上结合体感互动、图像识别技术完成的多维人机交互功能。随着 VR 全景报道和全息投影的应用，裸眼 3D 及不受位置限制的视觉交互使受众对于周围事物表达的含义更加清晰。未来，智能媒体将采用视、听、嗅、触、味五感的全感、全息技术，让虚拟成为一种超现实状态。同时，随着芯片算力的不断提升，未来智能媒体借助全感技术，不仅可以在用户端加以应用，更将渗透到媒介生产传播的全领域。

从符号叙事层面普及人机融合。符号叙事是智能媒体的一大特征，符号学理论家苏珊·朗格早期提出了符号具有"传达""陈述""接合"等功能，媒体借用其功能与媒介工具进行呈现与表达。智能媒体在物联网、人工智能等的帮助下，人与媒体通过移动端，借助网络互联互通，人与媒介可实时交互。并通过编码传输到平台的数据库进行计算，经过网络的解码和译码后进行全自动的生产操作。运用层面，媒体智能化程度已达到很高程度，随着媒介高新技术的发展，"智能化系统＋人工分析员"等形式或平台，推动媒体生态转型升级，尤其是人工智能与人类智慧的均衡，推动媒体的 AI 化意识进一步提高。

从社会应用层面提升算力普及人脑阵列＋AI 算法。未来智能媒体的目的是在智能技术如可穿戴设备等技术的推动下，解决已出现的数字鸿沟、信息茧房、算法伦理等问题。同时，智能媒体将渗透到政治、经济、文化等领域，借助 VR/AR/MR\ 物联网等技术万物互通，形成良好的社会氛围。未来大众媒介借助智能技术也将在政治、经济、文化各领域发挥自己的作用，专业的经济、文化大数据抓取与分析在机器后台互相结合，为大众提供更加丰富准确的信息，进而形成智能媒体环境。无论

---

① ASI 全感交互技术（All Sense Interactive Technique）是由德国 Durkman 技术团队研发的一项多维全感官识别交互技术体系，结合了增强现实、体感互动、图像识别等一体化的技术，具有强大的应用功能和延展性，因此有极高的商业应用价值，是人类感官世界的又一次革命。

智能媒体如何演化，作为媒介环境的主体是人，人应该占据传播的核心地位，在充分享受技术理性的同时，需要给智能媒体注入价值理性，未来智能媒体的发展应是"机器+"的人机协作，机器负责生产，媒介管理者扮演好把关人的角色和实行价值判断，也就是逐步实现一种人机融合模式：人脑阵列+AI算法，共同维护传播良好的生态环境。

智能媒体既是一种技术，也是一种组织，更是一种生态；其本质是算法驱动的能够部分替代人的脑力的一种媒体形态。智能媒体具有算法驱动、人机互动、自主进化三大特征，智能经历萌芽期、成长期、发展期、稳定期四阶段，即依托物联技术、助力信息收集；自主执行程序、内容自动生成；内容精准传送、自动审核过滤；智媒再造场景，人体虚拟体验。技术是双刃剑：AI在智能媒体中的广泛运用，要充分发挥其"工具理性"优越性，以社会主流价值引导智能媒体，规避"人工智能风险""智能媒体走偏"等问题，而人仍然是智能媒体的主导者。

参考文献

[1][美] 唐娜·哈拉维 . 类人猿、赛博格和女人：自然的重塑 [M]. 陈静，译 . 开封：河南大学出版社，2016.

[2][法] 弗朗西斯卡·法兰多 . 后人类主义、超人类主义、反人本主义、元人类主义和新物质主义：区别与联系 [J]. 计海庆译 . 洛阳师范学院学报，2019（06）：14-20.

[3] 陈卫星 . 智能传播的认识论挑战 [J]. 国际新闻界，2021，43（09）：6-24.

[4] 程思凡 . 基于生物特征识别的信息传播隐忧及对策分析 [J]. 编辑学刊，2021（01）：57-62.

[5] 杜骏飞 . 数字交往论（2）：元宇宙，分身与认识论 [J]. 新闻界，2022（01）：64-75.

[6] 方师师 . 算法：智能传播的技术文化演进与思想范式转型 [J]. 新闻与写作，2021（09）:12-20.

[7] 刘海龙，谢卓潇，束开荣 . 网络化身体：病毒与补丁 [J]. 新闻大学，2021（05）：40-55.

[8] 沈国麟 . 全球平台传播：分发、把关和规制 [J]. 现代传播，2021，43（01）：7-12.

[9] 文远竹 . 智能传播的伦理问题：失范现象、伦理主体及其规制 [J]. 中国编辑，2021（09）：64-70.

[10] 曾白凌. 媒介权力：论平台在算法中的媒体责任 [J]. 现代传播，2021，43（10）：31–38.

[11] 赵国宁. 智能时代"深度合成"的技术逻辑与传播生态变革 [J]. 新闻界，2021（06）：65–76.

[12] 何明升. 智慧社会：概念、样貌及理论难点 [J]. 学术研究，2020（11）：41–48.

[13] 蒋舸. 作为算法的法律 [J]. 清华法学，2019，13（01）：64–75.

[14] 栗峥. 人工智能与事实认定 [J]. 法学研究，2020（01）：117–133.

[15] 林曦，郭苏建. 算法不正义与大数据伦理 [J]. 社会科学，2020（08）：3–22.

[16] 刘君良，李晓光. 个性化推荐系统技术进展 [J]. 计算机科学，2020，47（07）：47–55.

[17] 刘培，池忠军. 算法歧视的伦理反思 [J]. 自然辩证法通讯，2019，41（10）：16–23.

[18] 马长山. 智慧社会背景下的"第四代人权"及其保障 [J]. 中国法学，2019（05）：5–24.

[19] 陈忠. 从后真相到新秩序：别样共同性及其公共治理 [J]. 探索与争鸣，2017（4）：29–32.

[20] 彭兰. 网络的圈子化：关系、文化、技术维度下的类聚与群分 [J]. 编辑之友，2019（11）：5–12.

[21] 全燕. "后真相时代"社交网络的信任异化现象研究 [J]. 南京社会科学，2017（7）：112–119.

[22] 汪行福. "后真相"本质上是后共识 [J]. 探索与争鸣，2017（4）：14–16.

[23] 陈文沁. 老龄化社会中的数字鸿沟与数字赋能 [J]. 受众记者，2020（25）：12–13.

[24] 杜骏飞.定义"智能鸿沟"[J].当代传播,2020(5):1.

[25] 胡冯彬.边缘的游弋:中国网络游戏代练者的日常生活实践[J].新闻记者,2020(7):38-45.

[26] 胡泳.新冠肺炎疫情危机与社交媒体的双向影响[J].新闻战线,2020(11):49-50.

[27] 贾文娟.从数字劳动探索全球资本主义体系的时代变迁[J].上中国图书评论,2020(8):15-26.

[28] 刘海龙.什么是传播视角下的身体问题[J].新闻与写作,2020(11):1.

[29] 刘爽.经济导向与文化环境——当代老年群体数字鸿沟的形成路径[J].新闻爱好者,2020(10):92-93.

[30] 潘祥辉."无名者"的出场:短视频媒介的历史社会学考察[J].国际新闻界,2020(6):40-54.

[31] 张宇星.终端化生存:后疫情时代的城市升维[J].时代建筑,2020(4):90-93.

[32] 姚建华,徐偲骕.传播政治经济学视域下的数字劳动研究[J].新闻与写作,2021(2):5-13.

[33] 张志安,刘黎明.互联网平台数字劳动的合法性话语建构研究[J].新闻与写作,2021(7):71-79.

[34] 章玉萍."随浪逐流":残障人的媒介生活与数字化生计[J].新闻与传播研究,(7):23-41、126.

[35] 赵国宁.智能时代"深度合成"的技术逻辑与传播生态变革[J].新闻界,2021(6):65-76.

[36] 周书环,杨潇坤.新冠肺炎疫情下社交媒体情绪传播及其影响研究——基于新浪微博文本数据的实证分析[J].新闻大学,2021(8):92-106、120-12.

215